Reise durch

MALLORCA

Bilder von
Jürgen Richter

Texte von
Anja Keul

Stürtz

Erste Seite:
Knackig, gelb und groß
wie Orangen: Zitronen
gedeihen auf Mallorca vor
allem im sonnigen Tal von

Sóller. Den Zitrusfrüchten
verdankte die Region
in früheren Zeiten auch
einen großen Teil ihres
Reichtums.

Vorherige Seite:
Die dreischiffige Kathe-
drale La Seu prägt die
Silhouette von Palma und
kann sich von den Aus-

maßen her durchaus mit
dem Kölner Dom messen.
Ihre Rosette ist eine der
größten der Welt.

Unten:
Die Felder und Gärten der
Inselmitte liefern reichlich
frische Zutaten. Saftiger
Knoblauch und eine
spezielle Tomatensorte

würzen das „National-
gericht" Pa amb oli:
geröstetes Brot, das mit
Knoblauch und Tomate
eingerieben wird.

Seite 10/11:
Wo Mallorca noch einsam
und wildromantisch ist:
Der Leuchtturm am Cap de
ses Salines markiert den
südlichsten Punkt der Insel.

Inhalt

Mallorca – Eine Insel mit Charme, Stil und wunderbarer Natur

Nicht nur die berühmte Kartause (links im Bild), in der Frédéric Chopin und George Sand einen Winter verbrachten, sondern auch der sanft in einen Tal- einschnitt gestaffelte Ort Valdemossa selbst lohnt einen Besuch, besonders stimmungsvoll am Abend.

Badeferien oder Golfurlaub, ausspannen in einer lauschigen Finca oder gemütlich durchs Hinterland radeln, Wandern, Joggen oder Wassersport – auf Mallorca ist alles möglich. Kein Wunder, dass die Zahl der deutschen Mallorca-Fans in den letzten Jahren auf knapp vier Millionen pro Jahr stieg. Und viele kommen immer wieder, denn der Mallorca-Mix ist einfach bestechend: Traumstrände und abgelegene Buchten, entzückende Inlandsstädtchen, malerische Hafenorte und die lebendige Hauptstadt Palma; die abwechslungsreiche mallorquinische Küche zwischen deftig und edel, hervorragende Infrastruktur und wildromantische Wanderziele, internationales Flair und dörfliche Abgeschiedenheit. Selbst die bierseligen Vergnügungsstätten an der Platja de Palma gehören in diese Aufzählung – auch wer von einer derartigen Urlaubsgestaltung nichts hält, schaut zumindest einmal vorbei und ordert aus Spaß ein original bayerisches Weißbier beim mallorquinischen Kellner. Mandelblüte im Januar und Februar, wohlige 20 Grad Lufttemperatur im April, noch im September neun Sonnenstunden am Tag – die Daten sprechen für sich. Das alles gerade mal zwei Flugstunden entfernt. Kein Wunder, dass der prominente Mallorca-Jetset gerne mal übers Wochenende zum Golfen einschwebt. Der durchschnittliche deutsche Besucher bleibt gerne deutlich länger und nimmt sich zumindest für ein paar Tage einen der erstaunlich preiswerten Mietwagen, um die Schönheit und Vielfalt der Insel zu erkunden.

Landschaftliche Vielfalt auf vergleichsweise engem Raum – auch das ist ein Pluspunkt der mit 3640 Quadratkilometern mit Abstand größten Baleareninsel. Von West nach Ost misst sie rund 100, von Nord nach Süd knapp 80 Kilometer. Dazwischen wechseln sich sanftes Hügelland, raues Gebirge und weite Ebenen ab, warten landschaftliche Highlights wie die wilde Wanderschlucht Torrent de Pareis, die herrliche Berglandschaft um das Kloster Lluc

oder die Tropfsteinhöhlen im Norden und Osten. Geografisch präsentiert sich Mallorca drei-geteilt, mit dem wilden, von über 1000 Metern steil ins Meer abstürzenden Gebirgszug der Serra de Tramuntana im Nordwesten, der weiten Ebene Es Plà in der Mitte und der nied-rigeren Serra de Levant im Osten. Auch die im-merhin 554 Kilometer lange Küstenlinie bietet jede Menge Abwechslung, von langen Sand-stränden bis hin zu winzigsten Buchten mit türkisblauem Meer. 179 Badestrände mit einer Gesamtlänge von 50 Kilometern stehen zur Auswahl. Ganz egal, welche Urlaubsregion man sich aussucht – ein spannendes Kontrast-programm ist nie weit entfernt.

Einheimische und Gäste

870 000 Menschen leben auf der Insel, knapp die Hälfte davon in der Hauptstadt Palma. Dem gegenüber stehen zehn Millionen Besucher pro Jahr, darunter auch eine stattliche Zahl spani-scher Urlauber und Geschäftsreisender. An die tausend Hotels und Pensionen warten auf sie, dazu jede Menge Apartments und herrlich res-taurierte alte Fincas. Sogar in einigen Klöstern kann man für wenig Geld in ganz besonderer Atmosphäre übernachten. Bei dieser Vielfalt ist wirklich für jeden Geschmack etwas dabei, ob es nun das stilvolle Luxus-Ambiente sein soll, das zentrale Hauptstadt-Standquartier oder die großzügige Ferienanlage für den Urlaub mit Kindern. Auch das Freizeitangebot ist bestechend: Seit einigen Jahren hat sich Mallorca für die ständig steigende Nachfrage nach Aktivurlaub gerüstet, lockt allein mit mehr als 20 Golfplätzen. Inlineskaten an der Promenade von Palma, Reiten, Tennis, Wasser-sport – kein Problem. Unbezahlbare Werbung für alle Radsportfans liefern Profi-Teams, die regelmäßig auf Mallorca trainieren. Der all-jährlich im Oktober abgehaltene TUI Marathon zieht mittlerweile mehr als 8000 Läufer an. Wer es gemütlicher mag, nutzt die aussichts-reichen Wanderwege besonders im Westen. Legendär ist das Unterhaltungsangebot auf Mallorca – und das beschränkt sich bei weitem nicht auf die Clubs und Discos. Vor allem in Palma gibt es eine lebendige Szene, und im Nobelhafen Portals Nous steigt an Sommer-abenden mit Blick auf die tollsten Yachten ein amüsantes Freiluftspektakel des Sehens und Gesehenwerdens. Wer seine Urlaubsgarderobe auffrischen will, findet in Palma jede Menge trendige Boutiquen, aber auch in Port d'Andratx lohnt sich eine Shoppingtour. Manch einer kehrt gar mit einigen Kilos Übergepäck aus Mallorca zurück, denn das wieder erwachte Interesse an den schönen, alten Fincas hat eine ganze Reihe von edlen und originellen

Einrichtungsläden entstehen lassen – vor allem Wohnaccessoires im mediterranen Stil sind ein Renner.

Angesichts der vielen „Wiener Schnitzel"-Schilder, gerade in den Ferien-Hochburgen, wird schnell klar: Auf Mallorca ist Deutsch fast schon Umgangssprache. Trotzdem – oder gerade deswegen – kommt es umso besser an, versucht man, sich in der Landessprache verständlich zu machen. Die heißt allerdings nicht Spanisch, sondern Mallorquí und ist eine Variante des Katalanischen. Aus dem Vulgärlatein entstanden, ist Català dem Provenzalischen näher verwandt als dem hochspanischen Castellano. Zur Zeit der Franco-Diktatur waren Regionalsprachen wie das Katalanische verboten, erst nach dem Tod des Diktators 1975 durften die Menschen auf Mallorca auch offiziell wieder so sprechen, wie sie es von ihren Eltern und Großeltern gelernt hatten. Gerade in den letzten Jahren hat der Inselrat die Verbreitung des Mallorquí stark gefördert, sind zum Beispiel bei Verkehrsschildern die spanischen Bezeichnungen verschwunden. Das alles klingt komplizierter, als es ist – Ausländern wird der Gebrauch der „Fremdsprache" Spanisch, die auch jeder Mallorquiner versteht, gerne verziehen. Und wer „una cerveza" oder besser noch „una caña" bestellt, statt „ein Bier" zu ordern, macht sicher einige Sympathiepunkte.

Geschichte der Fremdherrschaft

Gerade weil die Insel in ihrer Geschichte viele wechselnde Herrscher hatte, von denen manche die katalanische Sprache unterdrückten, pflegen die Mallorquiner ihren Inseldialekt mit Stolz. Woher einst die ersten Siedler stammten, ist unklar – Spuren steinzeitlicher Höhlenbewohner gehen bis ins Jahr 4000 v. Chr. zurück. Sie könnten von der Südküste Frankreichs, aber auch vom spanischen Festland oder aus dem östlichen Mittelmeer gekommen sein. Beeindruckende Zeugnisse der sich ab 1300 v. Chr. entwickelnden Talayotkultur sind die burgartigen Türme, die heute noch bei Artà oder Capocorb Vell zu sehen sind. Ob diese „Talayots" als Wohn- und Verteidigungsgebäude dienten oder als Kultstätten, ist ungeklärt. Ab 654 v. Chr. geraten die Balearen unter den Einfluss Karthagos, das ein halbes Jahrtausend später dem aufstrebenden Rom unterliegt. Das Imperium verleibt sich auch die Balearen ein, hat aber einen schweren Stand damit: Vor allem Mallorca und Menorca haben sich zu Piratennestern

entwickelt. Legendär ist die Technik der Stein-
schleuderer, gegen die sich römische Schiffe
mit Segeln aus Leder wappnen müssen. Vom
griechischen Wort für „werfen" (ballein) soll
sich auch der Name der Inselgruppe ableiten.
123 v. Chr. gelingt Roms Feldherrn Quintus
Caecilius Metellus die Besetzung Mallorcas, wo
er mit 3000 römischen Neusiedlern die Städte
Palma und Pollentia gründet. Neben ihrer Kultur und Sprache bringen die Römer auch ihre
effiziente Verwaltung mit, führen Kulturpflan-
zen wie Olivenbaum und Wein ein und sorgen
für eine Blütezeit des Handels.

Gut 500 Jahre dauert diese Phase der „Pax
Romana", des römischen Friedens, bis sich
Vandalen und in der Folge Byzantiner über die
Insel hermachen. Es sind unruhige Jahrhun-
derte, in denen sich auch schon die spätere
Macht der Mauren, islamischer Berber- und
Araberheere aus Nordafrika, auf der iberischen
Halbinsel abzeichnet. 903 schließlich gerät
Mallorca unter die Herrschaft des Kalifats von
Córdoba, das heutige Palma wird Hauptstadt.
Mit Zitrusfrüchten, Reis und Baumwolle be-
reichern die Mauren die Flora, vervollkomm-
nen die Bewässerungssysteme und gestalten
prachtvolle Gärten. Gleichzeitig knüpft Mal-
lorca an seinen früheren Ruf als Heimstatt der
Piraten an. Doch zu Anfang des zweiten Jahr-
tausends ist die Reconquista, die christliche
Rückeroberung Spaniens, auf dem Festland in
vollem Gange und erreicht am Silvestertag 1229
auch Mallorca. Durch die Praxis, treue Kämp-
fer aus dem niederen Adel mit Ländereien zu
belohnen, wird jetzt der Keim zum Großgrund-
besitz gelegt. Nach einem Zwischenspiel als
Königreich Mallorca – eine Zeit, in der der
Gelehrte Ramón Llull in rund 250 Werken das
Katalanische in den Rang einer Literatursprache
erhebt – übernimmt Aragón 1349 die Macht
auf Mallorca. Mit der Heirat von Isabella von
Kastilien mit Ferdinand II. von Aragón ent-
steht ab 1469 das erste zentralspanische Groß-
reich, das mit der Entdeckung Amerikas 1492
an unermessliche Reichtümer gerät und sich
nicht mehr besonders für die kleine Insel im
Mittelmeer interessiert. Immer wieder leidet
Mallorca nun unter blutigen Piratenüberfällen –
auch ein Grund dafür, dass die meisten Städte
im Landesinnern liegen und nur einen kleineren
Hafen-Ableger an der Küste unterhalten. Nach
dem Spanischen Erbfolgekrieg unterdrückt der
siegreiche Bourbone Philipp V. die katalanische
Sprache völlig zugunsten der kastilischen –
eine Situation, die sich ab 1939 unter dem
Franco-Regime wiederholt. Mit dem Autonomie-
statut der Balearen, das 1983 in Kraft tritt,
wird Katalanisch offiziell zur gleichberechtig-
ten Sprache.

Der Tourismus, der schon ab Mitte des 19. Jahrhunderts langsam erwacht ist, kommt 1956 mit dem Bau des ersten Flughafens richtig in Schwung. Auch König Juan Carlos, der nach Francos Tod 1975 die Demokratie vorbereitete und seither im Volk äußerst beliebt ist, macht regelmäßig auf Mallorca Urlaub. Bereits seit den frühen 1930er-Jahren verfügt Mallorca mit dem Luxushotel Formentor über eine Adresse, die etablierte Intellektuelle und Prominente aus aller Welt anlockt, von Samuel Beckett bis Winston Churchill, von Charlie Chaplin bis zum Dalai Lama. 1962 kommen eine Million Fluggäste pro Jahr auf Mallorca an, mittlerweile werden auf dem Großflughafen Son Sant Joan weit mehr als 20 Millionen Passagiere abgefertigt – von den ersten Frühjahrsbesuchern im Februar bis zu den Späturlaubern im Oktober. Und selbst im Winter wollen viele nicht von ihrer Lieblingsinsel lassen.

Rundtour Mallorca – einmal um die Insel

Ganz egal, wo man Quartier genommen hat – von jedem Ort aus lassen sich herrliche Ausflüge per Mietwagen unternehmen. Kein Wunder, dass rund 40 000 Urlaubsgefährte auf Mallorca zur Verfügung stehen. Hier eine kurze Charakterisierung der unterschiedlichen Landschaften, im Uhrzeigersinn ausgehend von der Bucht von Palma.

Von Klasse bis Masse

Der Bogen zwischen Magaluf und S'Arenal in der Bucht von Palma zeigt schon die Gegensätze Mallorcas. Zum einen der Westen der Bucht, der mit dem feinen Vorort Illetes und dem Nobelhafen Portals Nous ein durchaus finanzkräftiges Publikum anzieht und mit der Fundació Miró bei Cala Major ein kulturelles Highlight erster Güte birgt, mit Magaluf aber auch eine Hochburg des britischen Frohsinns-Tourismus besitzt; zum anderen das deutsche Pendant im Osten der Bucht: endlose, zur Saison auch dicht belegte Sandstrände, dazu rund 50 000 Betten in mehr als 250 Hotels – das größte Urlaubszentrum der Insel und lange Zeit auch das imageprägende, das in den nächsten Jahren aber eine deutliche Wandlung hin zu mehr Qualität vollziehen soll. Hier finden sich die berühmten Balnearios, strandnahe Freiluftbars, deren Epizentrum der „Ballermann 6" bildet. Und in der Mitte der Bucht eine

ganz andere Welt: Die bezaubernde Hauptstadt Palma, ein Hort mallorquinischen Alltagslebens, deren Wahrzeichen die meerverbundene Kathedrale La Seu ist. Hier kann man nach Herzenslust flanieren, auf Einkaufstour gehen oder einen Kneipenbummel in der Altstadt unternehmen, hier finden sich architektonische Schätze und lauschige Plätze, wunderschöne alte Cafés und schrille Szenebars – an Palma kommt keiner vorbei, der Mallorca wirklich kennen lernen will.

Im Westen was Teures

Ob Santa Ponça oder Peguera, Camp de Mar oder Sant Elm, vor allem aber Port d'Andratx – im äußersten Westen der Insel haben sich viele ausländische Residenten niedergelassen, die reichlich Geld in die Gemeindekassen spülen. Gerade in und um Port d'Andratx, das keinerlei nennenswerte Strände vorweisen kann, stapeln sich die Villen geradezu an den Hängen. Massentourismus ist kein Thema hier, aber für einen abendlichen Bummel, ein Essen an der langen Promenade oder der lebhaften Placa Almirante Oquendo kommt man gern auch von außerhalb – die Sonnenuntergänge und der Blick auf den Hafen-Mix zwischen Fischerboot und Nobelyacht geben ein bezauberndes Szenario ab, das auch viele Segler schätzen. In Port d'Andratx ist es eher die Regel denn die Ausnahme, dass am Nebentisch jemand geschäftig auf Deutsch in sein Handy flüstert. Sant Elm wiederum, einst als abgelegene Landungsstätte von Piraten genutzt, zeigt sich deutlich ruhiger und bietet mit dem Parc Natural auf der unbewohnten Insel Dragonera ein Dorado für Naturfreunde. Camp de Mar schließlich, wo sich einst auch Claudia Schiffer einkaufte, ist mit Golfplatz und Luxushotel-Komplex eine exklusive Nobeladresse. Die süße Strandbar S'Illeta, die nur über einen Steg zu erreichen ist, steht aber natürlich jedermann offen.

Romantische Straßen

Die Küstenlinie von Estellencs hinauf nach Port de Sóller ist der mallorquinische Klassiker schlechthin. Schon Erzherzog Ludwig Salvator schwärmte von den Blicken und Buchten, von den Küstenorten und Inlandstädtchen. Durch den winterlichen Aufenthalt von George Sand und Frédéric Chopin 1838/39 geriet das kleine Valldemossa ins Visier der Öffentlichkeit, das traumhaft über der Küste thronende Deià zog schon in den 1920er-Jahren des letzten Jahrhunderts Künstler aus aller Welt an. Dass sich Hollywood-Star Michael Douglas bei Valldemossa niederließ und dem Ort ein hochmodernes Kulturzentrum spendierte, förderte die Anziehungskraft der Region noch einmal gewal-

tig. Aber auch das stille Weindorf Banyalbufar, die winzige, viel fotografierte Siedlung Lluc Alcari und die herausgeputzten Inlandsdörfchen Fornalutx und Biniaraix (ausgesprochen: Fornalusch und Biniaraisch) sind Highlights dieser Route. Mit dem restaurierten Gutshof La Granja wartet noch ein hochinteressantes Zeugnis des mallorquinischen Lebens vergangener Zeiten auf Besucher, Wanderer können auf den Spuren des Erzherzogs Ludwig Salvator von Sóller nach Deià wandeln. Wer auf anderem Wege nach Palma zurückkehren will, kann sich eines echten Klassikers bedienen: Im „Roten Blitz", der 1912 in Dienst gestellten Schmalspurbahn, legt man die 28 Kilometer lange Strecke zwischen Sóller und Palma auf unvergleichlich stilvolle Art zurück.

Spektakuläre Landschaft

Hinter dem sympathischen Städtchen Sóller, das auf nur 40 Metern Meereshöhe in seinem geschützten Tal der Zitrusfrüchte und Olivenhaine liegt, schwingt sich die Straße hinauf in die Tramuntana-Höhen. Anziehungspunkt und Herausforderung für jeden, der hier im Auto unterwegs ist: die Bucht Sa Calobra, zu der sich die berühmteste Straße der Insel in zahllosen engen Kurven hinabwindet. Auf einer Länge von zwölf Kilometern kommen dabei über 800 Höhenmeter unter die Räder – weil auf dem engen und steilen Sträßchen auch häufig Reisebusse verkehren, empfiehlt es sich, die Tour auf den frühen Morgen oder späteren Nachmittag zu legen, wenn nicht mehr ganz so viel Verkehr ist.

Wieder oben an der Hauptstraße, wartet als nächstes Ziel das auf 525 Metern Höhe gelegene Kloster Lluc. Seit dem Mittelalter Zentrum der mallorquinischen Marienverehrung, ist es Ziel einer traditionellen nächtlichen Wanderung, die Anfang August aus dem immerhin fast 50 Kilometer entfernten Palma heraufführt. Quer durch die Tramuntana-Berge und über die lebendige Inlandsstadt Pollença führt die Route zum wohl schönsten Aussichtspunkt der Insel, dem Mirador de Mal Pas, und weiter zum kieferngesäumten Strand Platja de Formentor. Noch etwa zehn Kilometer, dann ist Schluss – mit dem Cap de Formentor ist der nördlichste Punkt Mallorcas erreicht, von dem aus schon Menorca im Blick liegt.

Promis, Palmen & Pulverkaffee

Mit dem Hotel Formentor besitzt der Nordosten schon seit Jahrzehnten ein Standquartier für hochkarätige Prominenz aus Wirtschaft, Kultur und Politik. Recht nobel geht es ebenfalls an der Strandpromenade von Port de Pollença zu, an der einige kleine, aber durchaus feine Hotels und eine Reihe eleganter Villen liegen. Zwischen Port d'Alcúdia und Can Picafort erstreckt sich dann – kein Wunder, angesichts des großartigen, dünenreichen und kiefernbestandenen Sandstrands – ein großes Urlaubszentrum. Radfahrer freuen sich über flache Küstenstraßen, Wassersportler über das große Angebot am Strand. Der aber hat auch seine Tücken: Die Badía d' Alcúdia ist zum Meer hin sehr weit geöffnet, der Seegang oft relativ stark – schon häufig kam es hier zu tödlichen Badeunfällen, wenn Urlauber die rote Warnflagge missachtet hatten. Nur ein Stück weiter, am östlichen Ende der Bucht, bietet sich ein ganz anderes Bild: Das kleine Fischerdorf Colònia de Sant Pere, nur über eine Stichstraße zu erreichen, schlummert zu Füßen einer fantastischen Felslandschaft fernab des Urlaubstrubels friedlich vor sich hin. Weiter östlich gelangt man durch das in den letzten Jahren sehr aufstrebende Artà und über Capdepera nach Cala Ratjada – das Städtchen mit seiner über dem Meer schwebenden Promenade, der schönen Sandbucht Cala Agulla und weiteren kleinen Badebuchten in der Umgebung ist wieder stark vom Fremdenverkehr frequentiert.

Buchten über Buchten – und ein Traumstrand

Von übervölkert bis nahezu einsam, von neuen Siedlungen bis zu alten Fischerdörfern – der Osten hat viel Charme und besitzt mit seinen oft fjordähnlich eingeschnittenen Buchten ein ganz eigenes Landschaftsbild. Die Serra de Levant im Hinterland ist mit Höhen von 300 bis 400 Metern weitaus niedriger als ihr Pendant im Westen – mit ein Grund für den sanften und heiteren Charakter der Küste. Spektakulär zeigen sich hingegen die verschiedenen Tropfsteinhöhlen, insbesondere die Coves del Drac bei Portocristo. Natürlich gibt es auch im Osten Urlaubszentren wie Cala Millor, Sa Coma, die Cales de Mallorca oder das hübsche Cala d'Or – wer es ruhiger liebt, findet jedoch ebenso sympathische Hafenorte ohne Massentourismus. Sehr reizvoll liegen Porto Colom und Cala Figuera – Vergnügungsangebote gibt es kaum, dafür lauschige Plätzchen und hübsche Szenerien am Hafen. Vor allem Cala Figuera, das selbst über keinen Strand verfügt, dafür über erstklassige Buchten in der Umgebung, ist ein Ziel für Individualisten. Ausgesprochene

Die Cala Portals Vells in der Bucht von Palma gehört zu den beliebtesten Ankerplätzen der Segler – kein Wunder, prunkt das Meer hier doch mit allen Schattierungen von Türkis.

Strandfans sollten sich hingegen in Colònia de Sant Jordi wohlfühlen, der einzigen echten Ortschaft der Südküste: Beiderseits des Städtchens erstrecken sich ausgedehnte, unverbaute Naturstrände, darunter im Nordwesten die fast fünf Kilometer lange Platja Es Trenc, ein Strandparadies auch für Liebhaber textilfreien Badens.

Ab durch die Mitte

Angesichts der fast 180 Strände um Mallorca scheint das Inland ein wenig im Abseits zu stehen – weit gefehlt. Hier finden sich die romantischsten Dörfchen und hübschesten Fincas, und auch auf einem Tagesausflug lassen sich viele reizende Ecken entdecken. Dass die Quellen kulinarischer Hochgenüsse eher etwas versteckt liegen, hat sich bereits herumgesprochen – die urigen alten Weinkeller von Inca, Petra und Sineu, die sich auf leckere mallorquinische Hausmannskost spezialisiert haben, sind ebenso beliebt wie die zahlreichen edlen Finca-Restaurants auf dem Land. Die Perlenmanufakturen von Manacor, die Bodegas von Felanitx (gesprochen: Felanitsch), der Klosterberg Randa mit seiner herrlichen Aussicht und der Erinnerung an den Gelehrten Ramón Llull – das sind Mallorca-Spezialitäten für Kenner, die sich auch mal für einen Tag vom Strandleben losreißen können. Und dafür reich belohnt werden – und sei es nur mit der Erkenntnis, unbedingt wiederkommen zu müssen, weil man auf einer Reise unmöglich alles gesehen haben kann.

Seite 22/23:
Ein Bild wie aus einer anderen Zeit: Maultiere grasen friedlich unter Olivenbäumen – in der bergigen Serra de Tramuntana tun die Lastenträger noch heute ihren Dienst.

Seite 24/25:
Sand satt: Der naturbelassene Es Trenc im Süden ist ein Traum für Strandfans, die nicht an jeder Ecke einen Eisverkäufer brauchen. Ein paar nette Bars gibt es aber dennoch.

Lebendiges Palma – Der Schlüssel zur Insel

Der Stolz der Stadt: Vom Meer aus schon weithin sichtbar, thront die Kathedrale über Palma. Bis zum Fischerhafen sind es nur ein paar Schritte.

Eine Stadt, dem Meer abgewandt, stolz, geschäftig und belebt – Palma schert sich keinen Deut um den Tourismus. Zwar finden sich hier exzellente Stadthotels und die höchstrangigen Sehenswürdigkeiten der Insel, aber im Kern ist Palma eine Stadt der Mallorquiner. Gut so. Hier lebt fast die Hälfte der Inselbewohner, hier werden die politischen Weichen der gesamten Balearen gestellt. Und hier lässt sich mallorquinischer Alltag aufs Beste beobachten. Einen Kaffee in der Bar Bosch nehmen nicht nur die Tagesbesucher gerne, weil das beliebte Café so ansprechend am Anfang der „Rennstrecke" Passeig d'es Born liegt, hier stärken sich auch die Einheimischen am Vormittag oder am frühen Abend. In der Nähe lockt der Carrer Apuntadors mit Tapabars und Restaurants dazu, den Abend im Trubel der Menschenmengen zu beginnen – den Anwohnern ist es manchmal schon fast zu viel, einige Kneipen mussten wegen Überschreitung des Lärmpegels schließen. Ein paar Schritte zum Platz vor der Llotja, der alten Börse, in der jetzt Kunstausstellungen stattfinden und um die herum sich die coolsten Bars angesiedelt haben. Dann hinüber zur grandiosen Kathedrale La Seu, einer der größten gotischen Kirchen der Welt. Wer am Vormittag kommt, kann das Spiel der Sonne in der wunderschönen Rosette genießen – aus 1200 Glasstücken zusammengesetzt, erreicht sie einen Durchmesser von 11,3 Metern. Rund um die Plaça Major lässt es sich herrlich bummeln in winkeligen Gassen, in denen sich traditionelle Geschäfte und noble Boutiquen abwechseln. Ein wenig ab vom Schuss, aber jeden Weg wert ist der urige Celler Sa Premsa, ein mit alten Stierkampfplakaten dekorierter Speisekeller, in dem flinke Kellner für wenig Geld mallorquinische Hausmannskost servieren – seit einem halben Jahrhundert ein Klassiker der Stadt.

Licht und Schatten: Am Schönsten zeigt sich das Innere der Kathedrale an einem sonnigen Vormittag, wenn eine wahre Fülle an Licht durch die bunten Glasfenster flutet. Auch das Raumgefühl ist überwältigend, weil Antoni Gaudí beim Umbau den massigen Chor aus dem Mittelschiff entfernen ließ.

Unten:
Seit 2007 zieht die vom mallorquinischen Künstler Miquel Barceló neu gestaltete Kapelle Sant Pere viele Besucher an.

Spektakulär ist die rund 300 Quadratmeter umfassende Keramik-Verkleidung, die Motive der Vermehrung von Brot und Fisch darstellt.

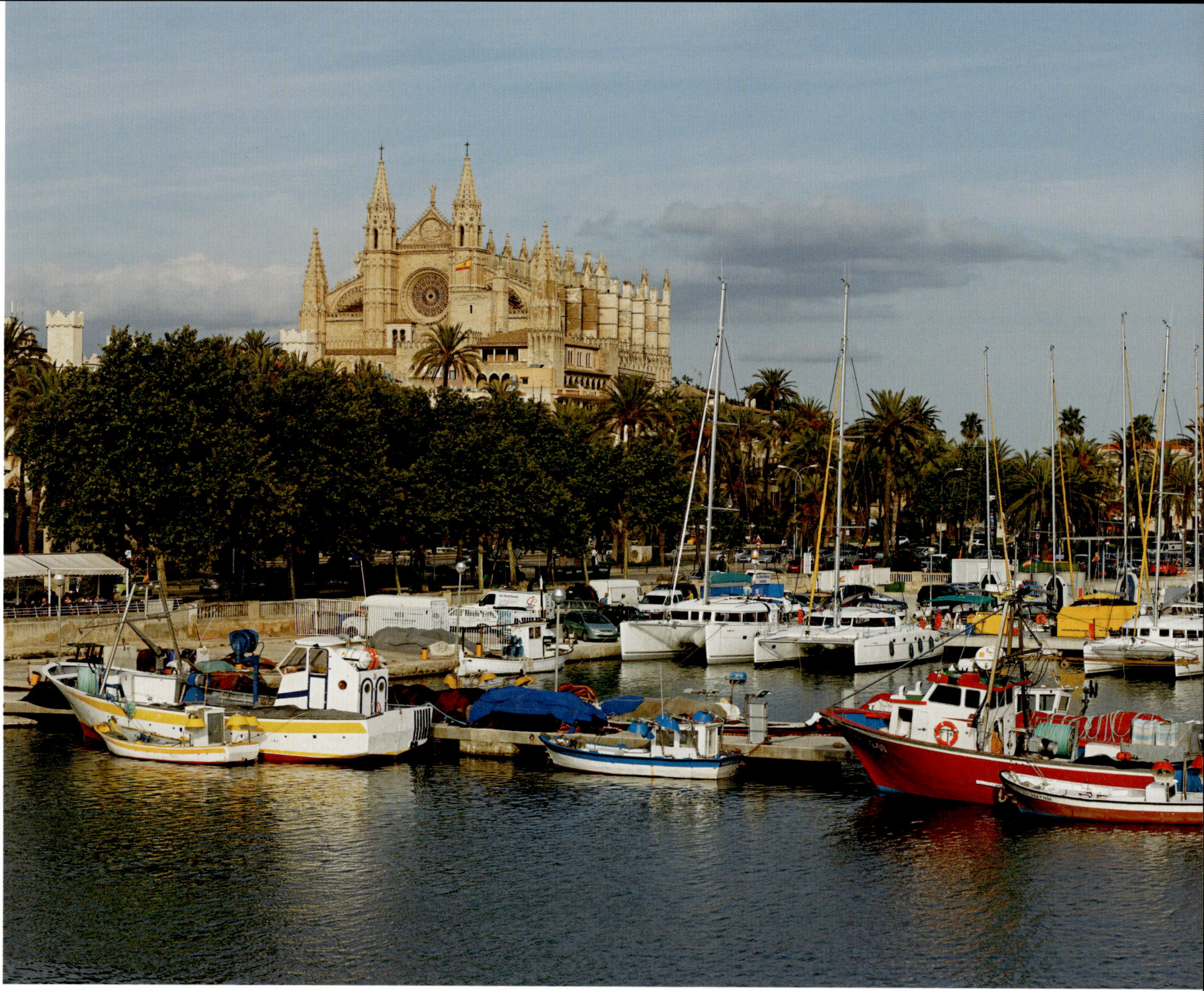

Rechts:
Auch bunte Fischerboote haben noch ihren angestammten Platz im weitläufigen Hafen von Palma, überragt von der Kathedrale. Viele Bereiche der Hafenanlagen sind allerdings für Unbefugte gesperrt.

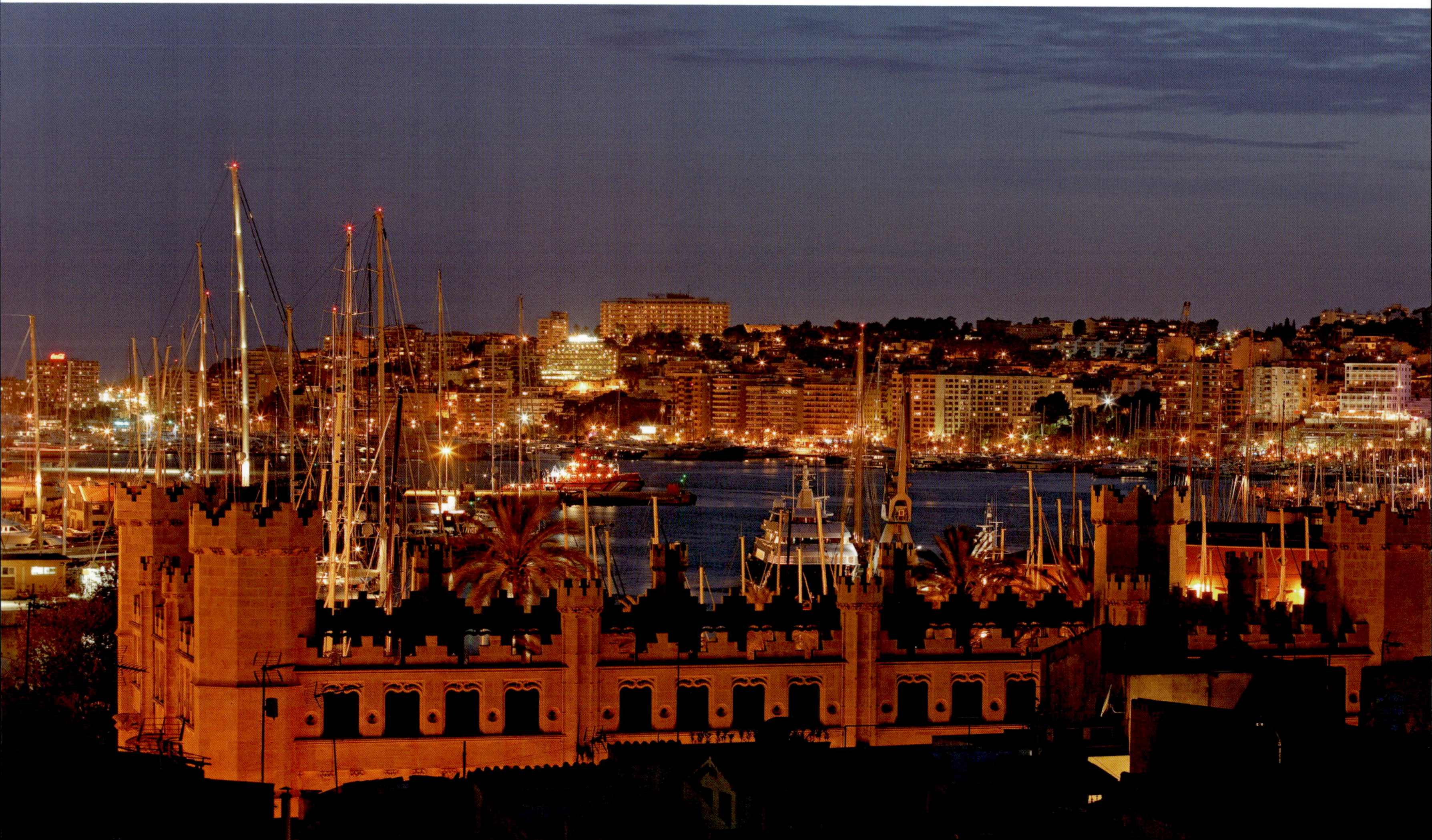

Links:
Palmas Hafenbucht im nächtlichen Glanz: Links ist das frühere Börsengebäude La Llotja aus dem 15. Jahrhundert zu sehen, das in den letzten Jahren aufwändig renoviert wurde. Auf dem Hügel im Hintergrund thront das mittelalterliche Castell de Bellver.

Vor allem im Viertel hinter der Kathedrale finden sich die alten Adelspaläste von Palma. Ihre ebenso schmucken wie kühlen Innenhöfe sind ein Erbe maurischer Zeiten und als Privatbesitz leider kaum zugänglich – außer zu Fronleichnam, wenn rund 50 davon ihre Pforten öffnen. Wer mit offenen Augen durch die Stadt geht, entdeckt Details wie den Wasserspeier am Aufgang zur Kathedrale (rechts). Die arabischen Bäder aus dem 10. Jahrhundert (rechte Seite unten) können besichtigt werden.

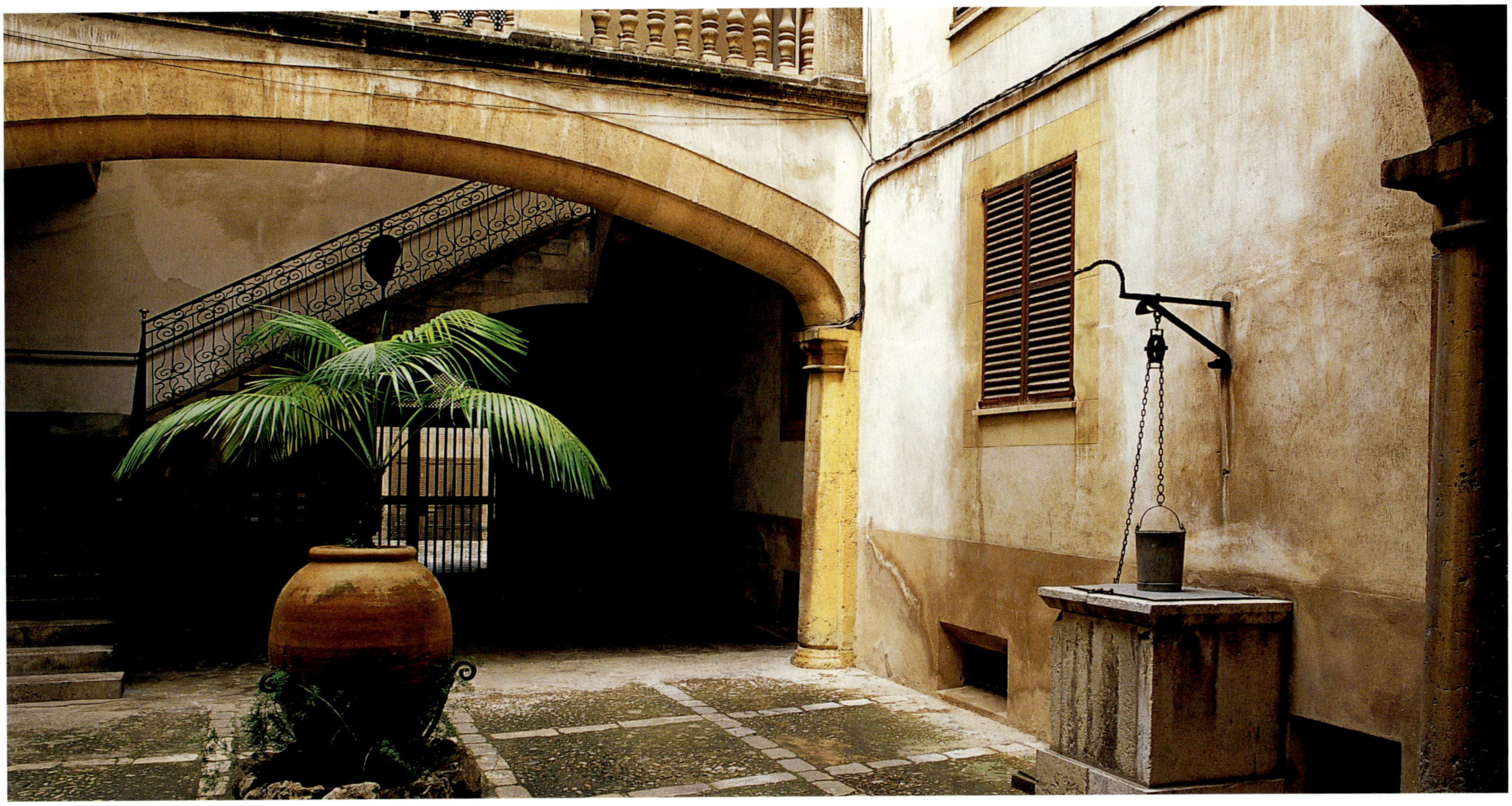

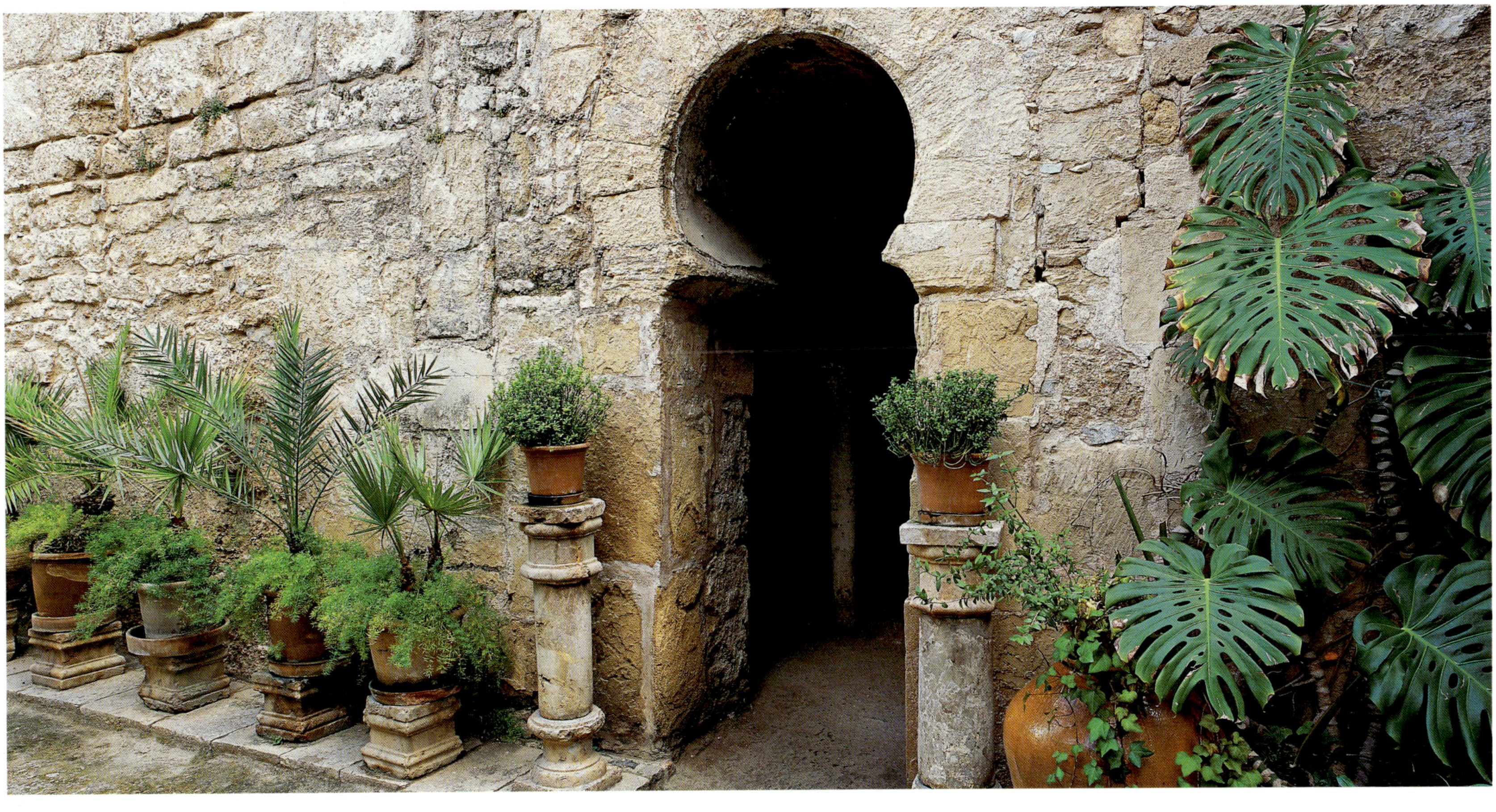

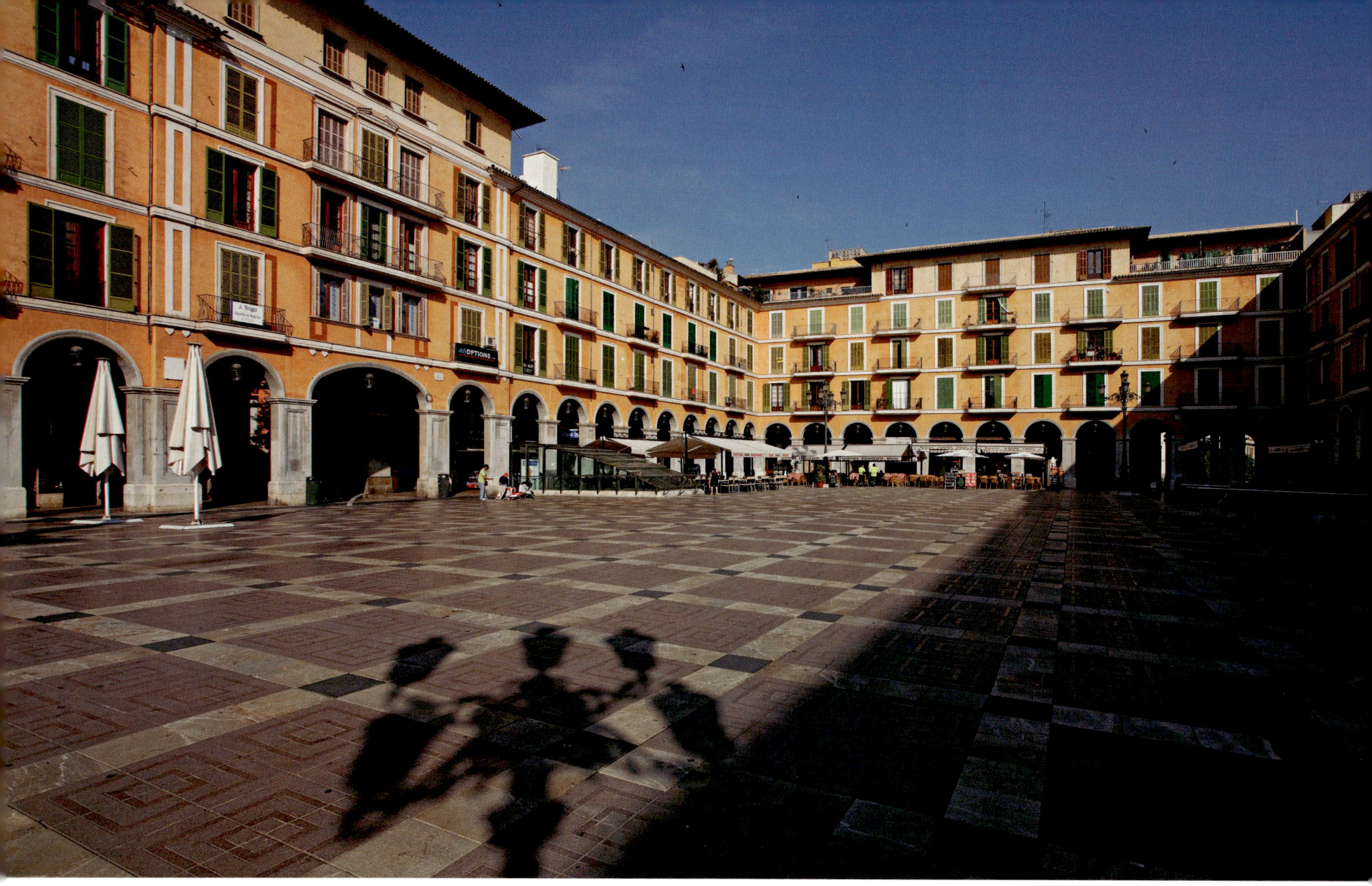

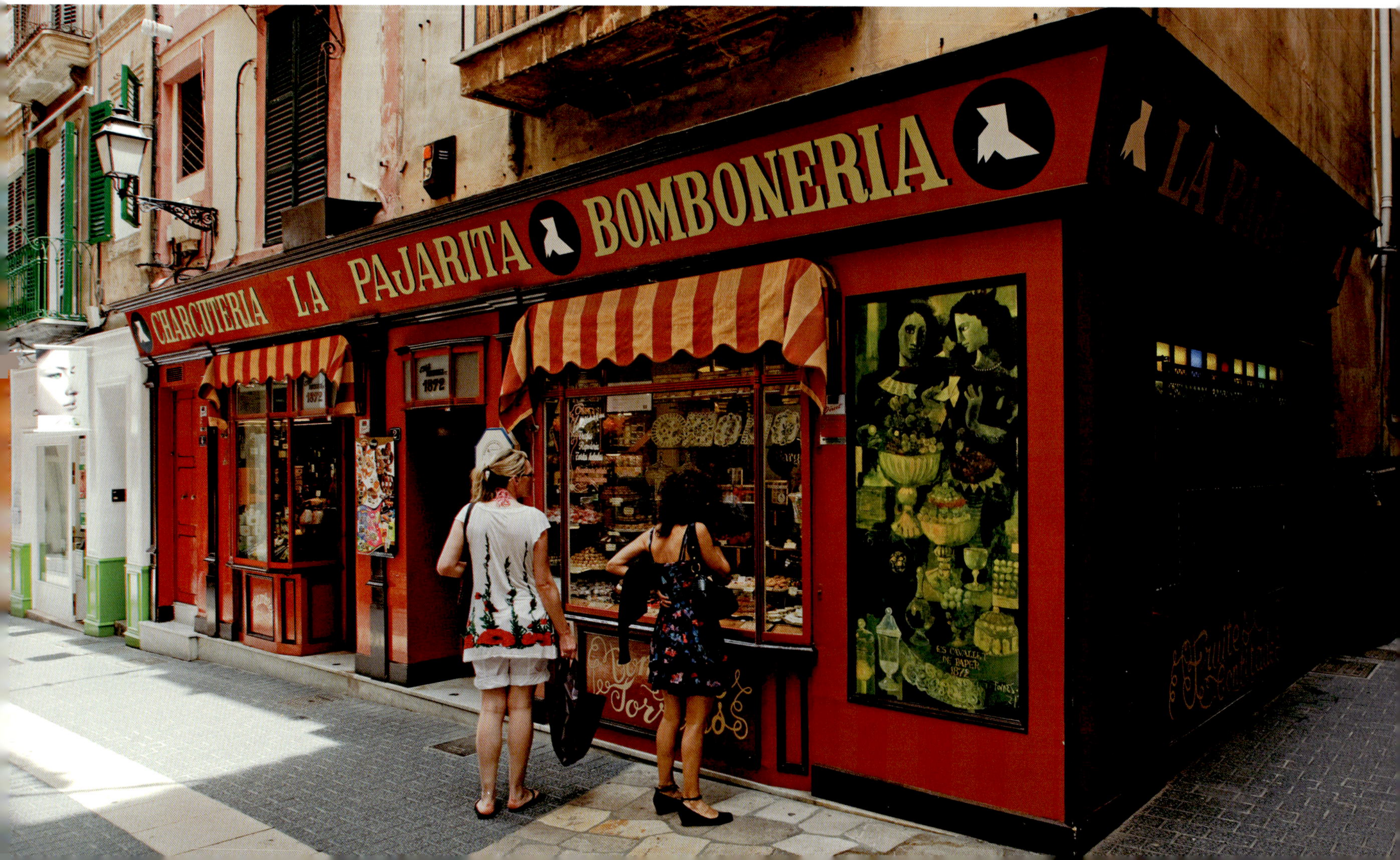
CHARCUTERIA LA PAJARITA BOMBONERIA

Bilder linke Seite:

Palmas gute Stube: Die Plaça Major im Herzen der Altstadt ist harmonisch von Gebäuden eingefasst, von deren kleinen Balkonen sich ein guter Blick auf das Treiben bietet. In den Arkadengängen haben sich ein paar Geschäfte etabliert, vor allem aber Cafés, die ihre Tische und Stühle unter freiem Himmel aufstellen. Im Umfeld finden sich schöne, rührend altmodische Läden.

Bilder oben:

Shoppen & Genießen: Beim Flohmarkt Rastrillo am südöstlichen Rand der Innenstadt kann man jeden Samstagvormittag nach Schnäppchen stöbern. In der zentralen Bar Bosch kommt jeder mal auf einen Kaffee vorbei. Traditionsreiche Bäckereien wie der Forn des Teatre oder Miquel Pujols Forn de Pellteria produzieren süße Köstlichkeiten, darunter die berühmten Ensaimades.

Hier legt schon mal der König an: Palmas Hafengebiet zieht sich über einige Kilometer Länge hin, vom farbenprächtigen Fischerhafen bis zum edlen „Real Club Nautic". Im Parc de la Mar unterhalb der Kathedrale können auch Spaziergänger maritimes Flair genießen oder sich mit Blick auf die Fontäne vom Trubel der Stadt ausruhen.

Unten:
Palmas Stierkampfarena „Coliseo Balear" bietet Platz für 20 000 Menschen – Stierkämpfe finden nur noch selten und meist im Juli und August statt, der schöne Bau dient aber oft als Konzertbühne.

Rechts:
Der Name ist Programm: „Castell de Bellver" heißt nichts anderes als „Kastell der schönen Aussicht" – und die bietet sich auch wirklich von der drei Kilometer südwestlich des Stadtzentrums gelegenen

Schlossburg. Nur durch einen steinernen Brückenbogen mit dem Bau verbunden ist der Torre de Homenaje, der ebenso wie das Kastell aus dem goldenen Sandstein von Santanyí errichtet ist.

Traditionen der Karwoche: Angehörige der verschiedenen katholischen Bruderschaften tragen in feierlichem Ernst oft zentnerschwere Heiligenfiguren durch die engen Straßen von Palma (links). Sie sind in Kutten mit spitzen Kapuzen gekleidet, die ihre Bußfertigkeit anzeigen und auch dazu dienen, dass die „armen Sünder" in gewisser Anonymität Abbitte leisten können (unten und ganz unten).

MIRÓ & MODERNISME – DIE KÜNSTLER MALLORCAS

Zweimal „M" wie Mallorca – und zwar vom Allerfeinsten: Da ist zum einen Joan Miró, der zwar auf dem katalanischen Festland geborene, durch seine Mutter und seine Frau aber zeitlebens auf Mallorca verwurzelte Künstler der heiteren Farben und beschwingten Formen; zum anderen die Schule des Modernisme, deren bekanntester Vertreter der hauptsächlich in Barcelona wirkende Architekt Antoni Gaudí war, der beim Umbau der Kathedrale von Palma mitwirkte und im Inneren einen schmiedeeisernen Baldachin beisteuerte. Doch auch viele seiner Kollegen setzten in Palma Akzente. Das Museu de Mallorca, einige Straßenzüge östlich des Bischofspalasts am Carrer Portella, gibt einen schönen Überblick über die damals richtungsweisende Kunstströmung, war aber zuletzt wegen Renovierung geschlossen.

In den Jahrzehnten der Wende vom 19. zum 20. Jahrhundert entwickelte sich diese völlig neue Stilform, die die Aufbruchsstimmung in Wissenschaft und Technik in Kunst und Architektur übersetzte: Vorwärtsdrängend und verspielt, dem Alten abgewandt, das neue Jahrhundert begrüßend. Jugendstil und Sezession in Deutschland und Österreich, Art Nouveau in Frankreich, Modern Style in England und USA, Liberty in Italien – und eben, inspiriert und vorangetrieben durch Antoni Gaudí, der Modernisme in Katalonien. Ein schönes Beispiel sind die Edifici Casayas an der Innenstadt-Placa del Mercat, geschaffen vom Architekten Francesc Roca. Harmonisch ins Stadtbild integriert, beweist auch das Gran Hotel gegenüber, wie die Idee vom Wohnen in naturnahen Formen zu Anfang des Jahrhunderts die katalanische Architektur revolutionierte. Gestaltet von Lluís Domenèch i Montaner, der auch an

Barcelonas Prachtstraße Passeig de Gràcia beeindruckende Zeugnisse der Visionen des Modernisme hinterließ, wurde der verspielte Bau von der Sparkassenstiftung Fundació La Caixa aufwändig restauriert und beherbergt nun neben einem Café und einer Kunstbuchhandlung auch wechselnde Ausstellungen.

Modernisme in der Provinz: Im durch den Orangenhandel reich gewordenen Städtchen Sóller schuf der von Gaudí beeinflusste Architekt Joan Rubio 1904 die Fassade der Pfarrkirche St. Bartomeu, knapp zehn Jahre später gestaltete er das benachbarte Bankgebäude der Banc de Sóller ebenfalls im formenreichen Modernisme-Stil. Vor allem nachts wirkt das helle Ensemble auf dem Hauptplatz des kleinen Städtchens besonders intensiv.

Das Stichwort „La Caixa" führt zum zweiten großen „M", zu Joan Miró – immerhin schuf er deren überall in Katalonien im Stadtbild präsentes Logo ebenso wie das der spanischen Fremdenverkehrswerbung. Anfangs noch vom Fauvismus und von Paul Cézanne beeinflusst, entwickelte Miró nach einem Paris-Besuch im

Bilder links:

In Cala Major bei Palma birgt die Fundació Pilar i Joan Miró rund 6000 Arbeiten aus dem Werk des jahrzehntelang auf Mallorca lebenden Künstlers. Neben Gemälden und

Skulpturen von Joan Miró ist auch ein englisch- und spanischsprachiges Video über sein Leben zu sehen, außerdem finden Wechselausstellungen, Seminare und Vorträge statt.

Jahr 1919 schon bald seinen ureigenen Stil der kräftigen, klaren Farben (gelb, rot, blau) und markanten, geradezu kalligrafischen schwarzen Linien. Der 1893 geborene Künstler zog 1956 mit seiner Ehefrau Pilar nach Cala Major bei Palma – und sah schon bald die ersten Hochhäuser in seiner Umgebung wachsen. Drei Jahre später wechselten die Mirós deshalb ins höher gelegene Herrenhaus Son Boter, wo er sich ganz in der Nähe von seinem Freund Josep Lluís Sert ein Atelier errichten ließ. Weil der Architekt zur Franco-Zeit nicht gerade wohl gelitten war im Lande, musste er das Gebäude sozusagen schwarz bauen.

Noch heute, Jahrzehnte nach Mirós Tod am 25.12.1983, kann man von außen durch die Atelierfenster spähen und einen Blick auf die Werkstatt des Meisters erhaschen, die nach seinem Willen nahezu unverändert geblieben ist. Beeindruckend ist das kreative Chaos in den Räumen – Miró arbeitete oft an einem Dutzend Gemälden gleichzeitig. Besser genießen lassen sich seine Werke nebenan im Museum der Fundació Pilar i Joan Miró (Adresse: Carrer Joan de Saridakis 29 in Cala Major), in dem im Turnus Exponate aus seinem 6000 Werke umfassenden Nachlass gezeigt werden. 42 Arbeiten hatte Pilar Miró in Paris versteigern lassen, um die Finanzierung der Stiftung zu sichern. 1992 eröffnet, ist sie nicht nur ein Anziehungspunkt für Kunstinteressierte aus aller Welt, sondern auch ein „lebendiger Ort, wo Musiker, Dichter, Maler und Kunsthandwerker zusammenkommen" – ganz so, wie Miró es sich gewünscht hatte.

Oben:
Spuren des Modernisme finden sich vor allem in Palma in größerem Umfang. Besonders markant ist die Fassade des Palasts Can Rei an der Plaça Marquès del Palmer um die Ecke der Plaça Major.

Rechts:
Mallorcas Malerfürst: Joan Miró (zweiter von links) zog 1956 mit seiner Frau Pilar nach Cala Major, wo er 1983 starb. Seine Lehrjahre hatte er in Paris verbracht und besuchte im Jahr 1919 zum ersten Mal die französische Hauptstadt, in der er mit Kubismus und Surrealismus in Kontakt kam. Seine Pariser Arbeiten aus dem Jahr 1931 zeigen schon deutlich seine ureigene Handschrift.

Links:

Das beeindruckende Kunst-
museum Palau March
nahe der Kathedrale
entstand erst 1939 und
beherbergt Werke von
Eduardo Chillida, Auguste
Rodin und Henry Moore
sowie eine Kollektion
romanischer und gotischer
Marienstatuen.

Oben:

Fein restauriert: Einst als
Börse erbaut, wird der
elegante gotische Profan-
bau La Llotja jetzt für
wechselnde Kunstausstel-
lungen genutzt. Das mit
Zinnen verzierte und
am Portal von einem Engel
bewachte Gebäude
erinnert nicht nur auf den
ersten Blick an eine Kirche.

Ein Himmel wie gemalt: In den Abendstunden zeigt sich Mallorca oft von ganz besonderer Pracht. Der Blick vom Castell de Bellver über die Bucht von Palma gilt als Klassiker für die Fans spektakulärer Sonnenuntergänge (links). Die Windmühlen in der Ebene Es Plà (oben) verwandeln sich in der Dämmerung in bezaubernde Schattenrisse.

Der Westen –
Das Schatzkästlein der schmucken Dörfer

Natursteintreppen, Blumenschmuck und Hausfassaden, die wie frisch geschrubbt aussehen: Die Gässchen in Fornalutx laden zu einem entspannten Bummel ein. So klein das Dorf auch ist, gibt es doch einige angenehme Cafés und Restaurants mit schöner Aussicht.

Wer hier nicht fotografiert, tut es nirgendwo: Um die romantische Straße hinauf nach Norden finden sich an jeder Ecke Motive, die die Mallorca-Sehnsucht so richtig stimulieren. Überall Balkone im Blumenschmuck, lauschige kleine Winkel und alte, fein restaurierte Häuser, in die man auf der Stelle einziehen möchte. Üppige Gartenterrassen lassen in Banyalbufar an der Küste die Augen übergehen, das benachbarte Valldemossa hat sich für die Besucher auf den Spuren von George Sand und Frédéric Chopin aufs Feinste herausgeputzt. Deià wiederum, wiewohl verkehrsgeplagt an der Durchgangsstraße, ist in seinem Dorfkern so charmant geblieben, wie es der Schriftsteller Robert Ranke Graves in den 1920er-Jahren vorfand. Er war es auch, der den Ort der damaligen Bohème schmackhaft machte – von seinem Ruf als „Künstlerdorf" zehrt Deià noch heute. Die Galerien, Kunsthandwerksläden und Edel-Restaurants ziehen nach wie vor ein Publikum an, das es sich gern gehen lässt und dafür auch zu zahlen bereit ist. Leute, die außerdem wissen, dass es an der Westküste keine idyllischere Bucht gibt als die Cala de Deià mit ihren beiden Strandkneipen...

Drei Kilometer hinter Deià lässt sich beim Anblick des Weilers Lluc Alcari der Foto-Drang wirklich nicht mehr unterdrücken – zu hübsch liegen die wenigen Häuser palmengarniert vor dem blauen Meer. Im Hinterland schließlich sind die Nachbarn Alaró und Orient ein Fest für Ästheten, ebenso die Dörfchen Biniaraix und Fornalutx ganz in der Nähe von Sóller – Letzteres bekam sogar mehrfach einen spanienweiten Preis für dörfliche Schönheit verliehen.

In der Nebensaison geht es im Ferienörtchen Cala Sant Vicenç im Norden der Insel beschaulich zu. Die felsige Küste gibt ein ideales Revier für Schnorchler und Taucher ab, in den Open-Air-Cafés sitzt man schön.

„Kuhmaul" wird der Ausgang des Torrent de Pareis an der Westküste wegen der beiden charakteristischen Felsen genannt. Auf einer spektakulären Klettertour kann man die Schlucht durchwandern. Bequemer nähert man sich ihr von der Bucht Sa Calobra aus.

Wildromantische Tramuntanaküste: Die Cala de Deià (unten) ist die schönste Bucht im Nordwesten und bietet vor allem von den beiden Strandbars aus einen herrlichen Blick auf das

Meer. Die Mini-Bucht Port d'es Calonge am Ende eines schmalen Stichsträßchens ist nur an Wochenenden und im Hochsommer belebt (rechte Seite).

Seite 54/55: *Im äußersten Westen bieten sich bei einer Wanderung von Sant Elm zum ehemaligen Kloster Sa Trapa herrliche Aussichten auf*

die vorgelagerte Insel Dragonera. Die unbewohnte, bergige „Dracheninsel" ist als Naturpark ausgewiesen und per Ausflugsboot zu erreichen.

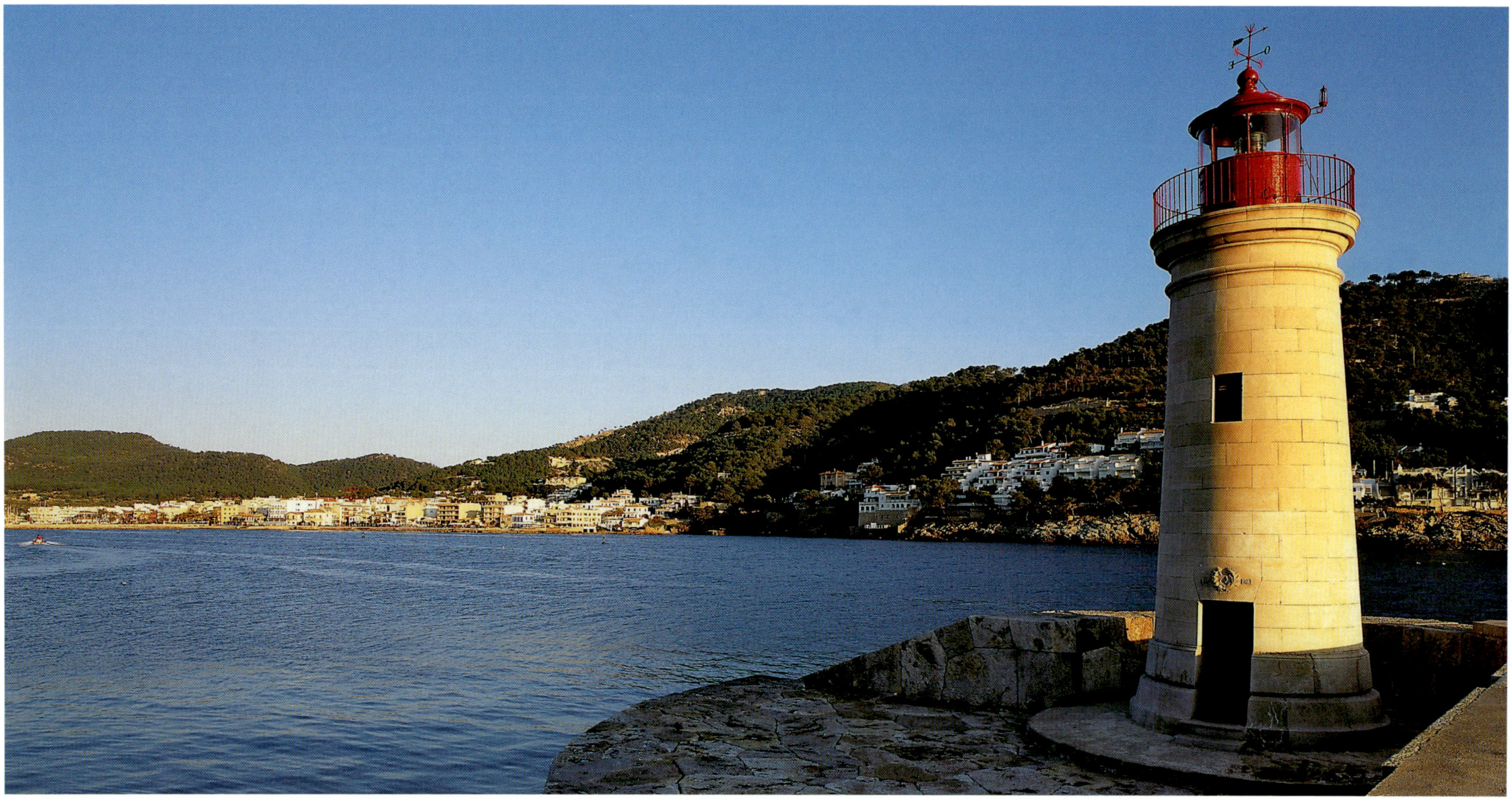

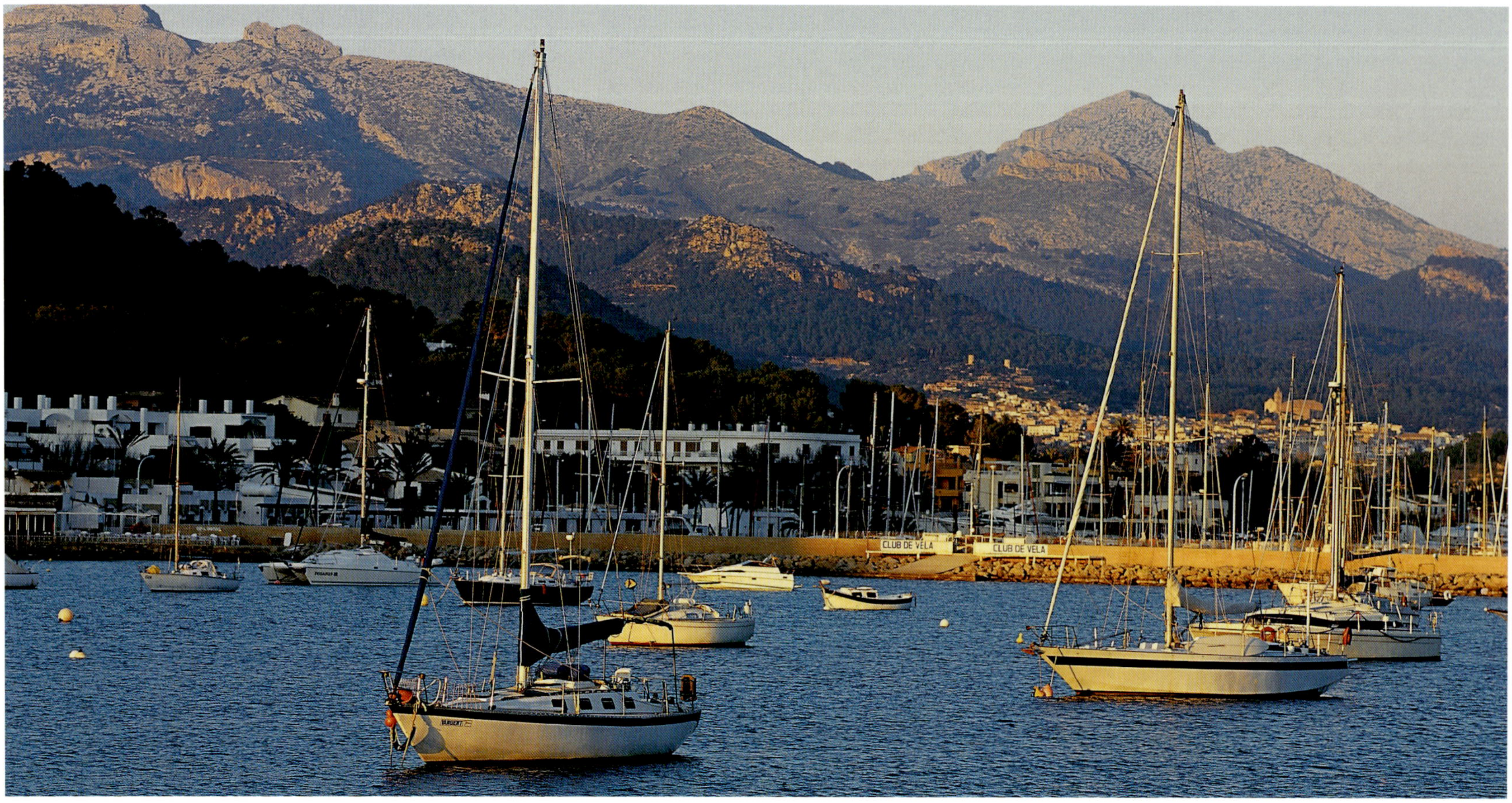
CLUB DE VELA
CLUB DE VELA

Winter auf Mallorca – Was Sand und Chopin noch nicht wussten

Sie waren hingerissen, keine Frage. Als die emanzipierte 34-jährige Gräfin und Schriftstellerin Amandine Dupin mit dem angenommenen Namen George Sand und der kränkelnde, sieben Jahre jüngere Komponist Frédéric Chopin am 8. November 1838 in Palma ankamen, herrschte strahlender Sonnenschein, die Insel zeigte sich von ihrer besten Seite. Nebst Zofe und Georges beiden Kindern im Dörfchen Establiments in der Nähe der Hauptstadt einquartiert, dichtete der dem Pariser Mief entronnene Chopin begeistert: „Ein Himmel wie Türkis, eine See wie Lapislazuli, Berge wie Smaragd, Luft wie der Himmel ... kurzum, ein grandioses Leben." Leider brachte die Zeit Chopins Leiden – Schwindsucht und Lungenkrankheit – an den Tag, woraufhin das exzentrische Künstlerpaar in der Dorfgemeinschaft nicht mehr wohl gelitten war. Aufgrund der Feindseligkeiten blieb ihnen nichts anderes übrig, als sich im Kloster zu verkriechen – gerade eben säkularisiert, bot die Kartause von Valldemossa willkommenen Unterschlupf. Hier verfasste George Sand ihr berühmtes Buch „Winter auf Mallorca", in dem sie die Schönheiten der Insel preist, mit den in ihren Augen spießigen und zurückgebliebenen Mallorquinern selbst allerdings nicht gerade zimperlich umgeht – kein Wunder, dürfte es zur damaligen Zeit wohl kaum unvereinbarere Gegensätze gegeben haben als die schlichten Bauern von Valldemossa und die wilde, hosentragende Gräfin. Dennoch machte eben dieses Werk Mallorca in Künstlerkreisen berühmt – und Valldemossa zur touristischen Attraktion.

Es mag nicht nur der fromme Wunsch gewesen sein, die Schönheiten zu sehen, die das Künstlerpaar genoss – manch ein Zeitgenosse wollte wohl auch den Ort besuchen, den das skandalträchtige Duo so sehr in Aufruhr versetzt und an dem es eine Zeit des Leidens verbracht hatte. Denn je weiter der Winter fortschritt, desto feuchter und unangenehmer wurde es. Dass die Region um Valldemossa den kühlen und regenreichen Nordwestwinden am stärksten ausgesetzt ist, hatte ihnen in Palma niemand gesagt. Entnervt reisten die beiden nebst Gefolge Mitte Februar wieder ab, und das auch noch auf einem schäbigen Dampfer, der Schweine transportierte. Dabei wäre schon bald die Zeit gekommen, in der der kurze mallorquinische Winter dem Frühling weichen muss, in der sich die ersten Blüten zeigen und vor allem die Mandelbäume in voller Pracht stehen, während Schnee, Eis und Frost Mitteleuropa noch fest im Griff haben.

Mit zwar immer noch sechs Regentagen, aber durchschnittlichen Lufttemperaturen von acht bis 15 Grad lässt es sich im Februar schon wieder ganz gut aushalten auf Mallorca – vor allem für Wanderer eine schöne Zeit. Selbst im tiefsten Winter, im Dezember, kann man Glück haben, denn dann setzt Mitte des Monats oft eine windstille und sonnige Phase ein, von den Mallorquinern als „Calmas" („die Ruhigen") willkommen geheißen. Trotzdem sollte man sich vor einem winterlichen Aufenthalt auf Mallorca sehr genau erkundigen, ob das gewählte Hotel auch wirklich über eine Heizung verfügt.

Im kargen Kloster von Valldemossa war an derlei zivilisatorische Errungenschaften nicht zu denken – Sand und Chopin froren wie noch nie in ihrem Leben. Dass sich die Krankheit des Komponisten immer weiter verschlimmerte, war die logische Folge. Dennoch arbeiteten beide diszipliniert – auch Chopins berühmtes „Regentropfen-Prélude" soll sinnigerweise hier entstanden sein. Wenngleich er nach seiner Rückkehr nach Paris noch zehn Jahre zu leben hatte, heißt es oft, er hätte sich auf Mallorca den Tod geholt – heilsam war dieser kalte Winter jedenfalls nicht für den zarten Musiker. George Sand, von weitaus robusterer Konstitution, überlebte ihn um fast 30 Jahre.

Wohl wissend, dass der Winter nicht die beste Zeit für Valldemossa ist, veranstaltet das Dorf jedes Jahr im August und Mitte September Konzerte zum Gedenken an die illustren Besucher, bei denen natürlich reichlich Chopin, an manchen Abenden aber auch Jazz gespielt wird (Informationen dazu im Kloster selbst). Dann ist der Andrang auf Sa Cartoixa, die Kartause von Valldemossa, natürlich immens. Nach der Kathedrale von Palma ist sie ohnehin das meistbesuchte Bauwerk Mallorcas – in den Zellen zwei und vier sind Erinnerungsstücke an Sand und Chopin ausgestellt, obwohl heute niemand mehr mit Sicherheit sagen kann, in welchen Räumen sich die beiden wirklich aufhielten.

Links oben:

Für Frédéric Chopin brachte der Aufenthalt im Kloster eine Verschlechterung seiner ohnehin labilen Gesundheit. George Sand rühmte in ihrem Buch „Ein Winter auf Mallorca" die Schönheiten der Insel, geißelte aber die Rückständigkeit ihrer Bewohner.

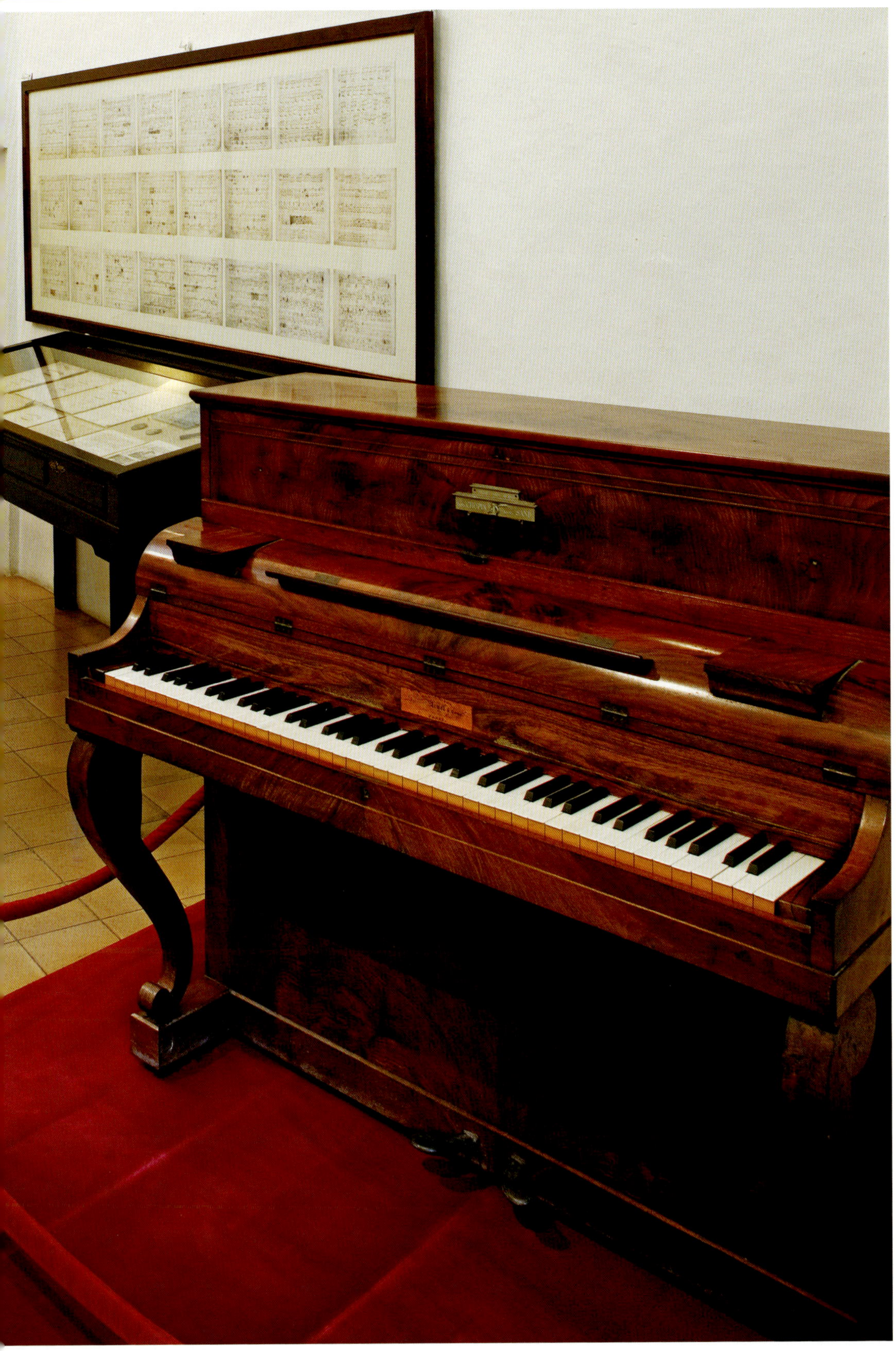

Noch mehr Prominenz in Valldemossa

Hollywoodstar Michael Douglas, dem seit Jahren das Landgut S'Estaca aus dem früheren Besitz des Erzherzogs Ludwig Salvator gehört und hier regelmäßig mit seiner Familie den Urlaub verbringt, gründete auch das Kulturzentrum „Costa Nord" in Valldemossa. 2003 verkaufte er es der Balearenregierung für vier Millionen Euro, spielt aber weiterhin den „Fremdenführer" in einem kurzen Film, der die Besucher unter anderem virtuell an Bord der Erzherzog-Yacht „Nixe" entführt.

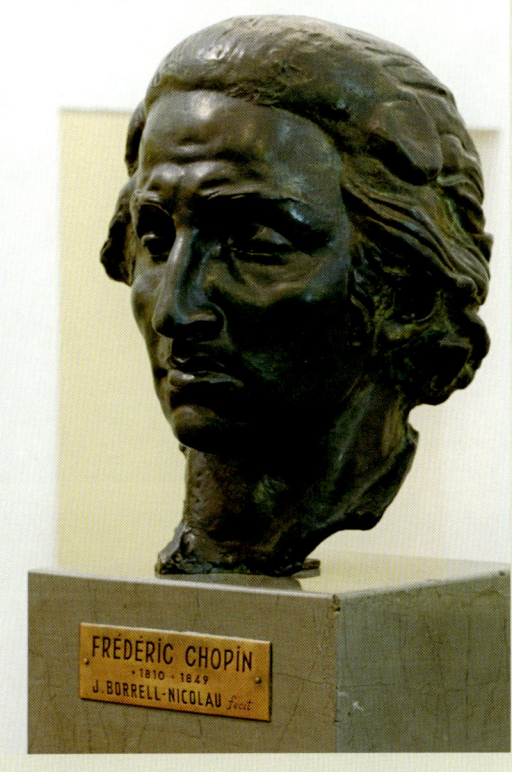

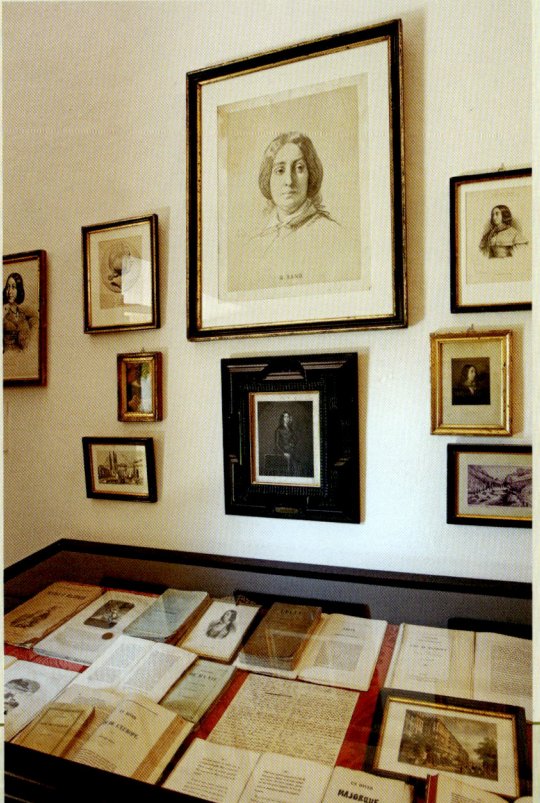

Oben:
Chopins berühmtes Pleyel-Klavier blieb im Kloster zurück. Leider traf es per Schiff erst kurz vor der Abreise des Künstlerpaares auf Mallorca ein, der Komponist musste an einem miserablen Piano arbeiten.

Rechts oben:
Chopin-Büste in Zelle 4: Zu Lebzeiten in Valldemossa nicht eben wohl gelitten, ehrt der Ort seinen berühmtesten Besucher heute nach Kräften.

Rechts:
Bilder, Briefe und Bücher erinnern in Zelle 4 an den Aufenthalt des Künstlerpaars. Interessant ist aber auch die Abteilung zeitgenössischer Kunst im Kloster mit Werken von Picasso, Miró…

*Tramuntana-Impressionen:
Das traumhaft gelegene
Dörfchen Deià lockte schon
seit den 1920er-Jahren eine
internationale Künstler-
kolonie an, auch heute
noch stammt ein guter Teil
der knapp 800 ständigen
Einwohner aus dem
Ausland. Trotz der eher
abgeschiedenen Lage hat
es ihnen das auf einen
Hang hinaufgestaffelte
Ortsbild einfach angetan.*

Nobel in zwei alten Herren-
häusern eingerichtet, ist
das Hotel La Residencia
in Deià eine der ersten
Adressen Mallorcas. Das
Restaurant „El Olivo" in
einer ehemaligen Ölpresse
aus dem 16. Jahrhundert
zieht mit exzellenter Küche
und romantischer Atmo-
sphäre Feinschmecker von
der ganzen Insel an.

Kleine Bilder links:
Einblicke in das Leben vergangener Zeiten: Im Landgut La Granja bei Esporles trafen luxuriöser Lebensstil und ländliche Geschäftigkeit zusammen.

Ungewöhnlich elegant wirkt der florentinische Säulengang im Gegensatz zum urigen Weinkeller, in dem die selbst gekelterten Tropfen gelagert wurden, und der massigen Ölmühle.

Unten:
Fein restauriert: Im
„Thronsaal" von La Granja
mit seinen Deckenbalken,
Bodenfliesen und

Gemälden sieht man,
dass der Lebensstil auf
dem Landgut keineswegs
spartanisch ausfiel.

Links:
*Die schöne Aussicht
schützte Leben: Der Wachtturm Torre de Ses Animes
wurde im 16. Jahrhundert
als Ausguck gegen
die Piratengefahr gebaut.
Schlanke Menschen
können ihn, falls geöffnet,
durch eine Eisenleiter im
Inneren besteigen.*

Unten:
*Er wusste, wo es schön ist:
Erzherzog Ludwig Salvator
legte einen Reitweg in der
Serra de Tramuntana an,
der heute die Wanderer
entzückt.*

Ganz unten:
*Und wieder mal Natur vom
Feinsten: Die Reserva Puig
de Galatzò an den Hängen
des gleichnamigen Gipfels
beherbergt einen Privat-
park, der durch einen
3,7 Kilometer langen Rund-
weg entlang von Teichen,
Felshöhlen und Wasser-
fällen erschlossen ist.*

Seite 68/69:
*Blick auf Valldemossa mit
der Kartause, eingebettet
in saftig grüne Hügel –
die typische Landschaft
der Tramuntana-Küste.*

Mallorcas Natur: Auf den Spuren des Erzherzogs

Er war eine der schillerndsten Figuren seiner Zeit: Finanziell unabhängig, hoch gebildet und vor allem so neugierig und wissensdurstig, wie es sich für einen Adeligen des 19. Jahrhunderts eigentlich nicht schickte. Statt seine Zeit mit höfischen Zeremonien zu verschwenden, zog es den knapp 20-Jährigen, in Florenz geborenen Sohn des Großherzogs Leopold II. im Sommer 1867 erstmals nach Mallorca. Trotz seiner vielen Reisen um die halbe Welt blieb die Insel der Mittelpunkt seines Lebens – und das Lieblingsobjekt seines Forscherdrangs. Ob es um lokale Bräuche ging oder die mallorquinische Sprache, Flora und Fauna oder Geographie: Der ungewöhnliche Erzherzog Ludwig Salvator sammelte so viele Eindrücke und Erkenntnisse über Mallorca und seine Schwesterinseln, dass sie – ergänzt durch eigene Zeichnungen – im Laufe der Jahre das siebenbändige Oeuvre „Die Balearen in Wort und Bild" füllten. Gekürzt auf zwei Bände, wurde es auf der Pariser Weltausstellung 1899 mit einer Goldmedaille ausgezeichnet und trug dazu bei, das Interesse an Mallorca zu wecken. So akribisch Ludwig Salvator bei seiner wissenschaftlichen Arbeit vorging, so leidenschaftlich war sein Einsatz für Mallorcas Natur. Als einer der Ersten begriff er, dass der „Fortschritt" die Landschaft frisst und rettete so manchen knorrigen Ölbaum vor der Axt – wann immer ein Bauer einen jahrhundertealten Baum fällen wollte, kaufte er ihn ihm ab, und das umgebende Land gleich dazu. Auf seinem Landsitz Son Marroig bei Valldemossa, heute zur Besichtigung freigegeben, genoss er herrliche Ausblicke und die Möglichkeit, auf alten Pfaden stundenlang zu wandern. Ein Klassiker ist die zweistündige Tour von Son Marroig zum „Lochfelsen" Sa Foradada und zurück, die der Erzherzog sehr liebte. Genehmigt wird sie – wie es die geschäftstüchtigen Nachfahren seiner Erben beschlossen haben – allerdings nur in Verbindung mit einer bezahlten Besichtigung des Herrenhauses.

Für Ludwig lohnte allein die Aussicht auf den „Lochfelsen" Sa Foradada, der sich herrlich vor dem blauen Meer abhebt, den Kaufpreis für Son Marroig: „Es ist ein malerischer Felsen, das am Meer weithin sichtbare Kennzeichen meiner Einsiedelei." An dieser Landzunge, die gut 250 Meter unterhalb von Son Marroig ins Meer ragt, pflegte auch seine Dampfyacht „Nixe" zu ankern, mit der Ludwig Salvator seine Studienfahrten ins Mittelmeer unternahm.

Generell bietet sich diese Ecke der Insel zu ausgedehnten Streifzügen an, ob man nun durch fruchtbare Gärten zwischen Sóller und Deià wandert oder die anspruchsvolle Kletterei von Escorca durch den Torrent de Pareis unternimmt. Weiter östlich lohnt sich vor allem am Nachmittag die Strecke von Port de Pollença ins Tal von Bóquer, und wer sich mal wieder richtig „auslaufen" möchte, ist auf der Halbinsel Victoria richtig – von der Ermita de la Victoria (mit Aussichtsrestaurant) führt der Weg über den Turm Talaia d'Alcúdia durch schattigen Kiefernwald zur Urbanisation Mal Pas, von der aus es entweder per Taxi nach Alcúdia geht, oder aber zurück zum schönen Abendessen bei der Ermita.

Ob Küstenwege oder Waldpfade, der Erzherzog kannte nach Jahrzehnten des Aufenthalts auf Mallorca jeden malerischen Winkel, jede schöne Aussicht. Der Reitweg Camí de S'Arxiduc, den er entlang der Tramuntana-Küste anlegen ließ, ist in Teilen erhalten beziehungsweise restauriert worden. Wer statt zu Fuß oder zu Pferde

Links oben:
Blaublütiger Gelehrter: Der Erzherzog gab nichts auf standesgemäße Kleidung, wenig auf seine adelige Verwandtschaft – sein lebenslanges Interesse galt den ländlichen Strukturen auf Mallorca, die er bis ins kleinste Detail erforschte.

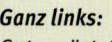

lieber mit dem Drahtesel unterwegs ist, findet ebenfalls reichlich Möglichkeiten – besonders von der flachen Inselmitte aus lassen sich herrliche Rundtouren gen Westen oder Norden starten, ganz Sportliche folgen den Spuren der Radprofis in der Tramuntana.

Dass Mallorca neben sonnenhungrigen Massen immer mehr Naturfreunde anlockt, ist so etwas wie ein später Triumph des Erzherzogs. Allerdings wäre er wohl mit der Praxis, viele riesige Privatgrundstücke für Wanderer zu sperren, absolut nicht einverstanden. Seine Ländereien waren für jedermann zugänglich, er ließ sogar extra Aussichtstürme, Steinbänke und Picknickplätze für die Naturfreunde errichten. Sogar ein Gasthaus betrieb er auf seinem Besitz, in dem Besucher drei Tage lang kostenlos Unterkunft und Verpflegung fanden. Die Natur war für ihn kein Privileg, das er aufgrund seines Reichtums ungestört genießen wollte, sondern ein Geschenk für alle, von dem er immer wieder begeistert schwärmte: „Keine Kunst, mag sie noch so perfekt sein, kann uns bieten, was uns die Natur schenkt. Welche Formenpracht, welcher Farbenzauber, welch ein Schauspiel bietet sich unseren entzückten Augen!"

Ganz links:
Gut gerüstet für große Fahrten: Mit seiner Yacht „Nixe" brach Ludwig Salvator von Son Marroig immer wieder zu Forschungsreisen im Mittelmeer auf.

Oben:
Eines der meistfotografierten Motive von Mallorca: Blick vom Säulengang des Erzherzog-Domizils Son Marroig, das heute als Museum eingerichtet ist. Im Hintergrund der Pavillon.

Rechts oben und rechts:
Diese Küstenlinie ließ Ludwig Salvator sein Lebtag nicht los – kein Wunder, dass er das Herrenhaus Son Marroig kaufte, das in fabelhafter Lage über dem Meer thront.

Aus italienischem Marmor erbaut, steht der kleine Pavillon vor Son Marroig in Traumlage über der Küste (unten). Aus dem Meer erhebt sich der Lochfelsen Sa Foradada (rechts), bei dem einst die Yacht „Nixe" ankerte. Hierhin blickte der Erzherzog oft stundenlang, die Ruhe und Einsamkeit genießend. In der kleinen Bucht der Halbinsel, an deren Ende sich der berühmte Felsen erhebt, lässt es sich auch gut baden.

Unten:
Unterwegs mit dem „Roten Blitz": Die Fahrt mit dem Nostalgie-Zug von Palma nach Sóller gehört zu den Klassikern einer Mallorca-Reise.

Links und rechts:
Mallorcas Vorzeigedorf: Schon mehrfach gewann Fornalutx den spanienweiten Preis für die schönste Gestaltung. Kaum eine winklige Treppengasse ist ohne Blumenschmuck und üppige Bougainvilleas.

Oben und ganz oben:
*Die idyllische Atmosphäre
der alten Natursteinhäuser
zieht immer mehr Lieb-
haber an: In Fornalutx
haben sich viele auslän-
dische Residenten nieder-
gelassen, auch einige
charmante Landhotels
öffneten in den letzten
Jahren.*

Links:

Baujahr 1912 und immer noch in Betrieb: Die aus San Francisco importierte Straßenbahn Tranvía verbindet den Hafenort Port de Sóller direkt mit dem Hauptplatz des fünf Kilometer landeinwärts liegenden Mutterstädtchens Sóller. Alle halbe Stunde rattert das Bähnchen an den dortigen Straßencafés vorbei.

Oben und ganz oben:

Einst durch den Orangenhandel zu Wohlstand gekommen, zeigt sich Sóller heute als schmucker Ort von leicht nostalgischem Flair. Die Hauptstadt der Tramuntana zählt knapp 14 000 Einwohner und verdankt ihren Namen den Mauren, die die günstige Lage erkannten und die Siedlung „Suliar" nannten, was soviel wie „Tal des Goldes" bedeutet.

Mit erhobenen Schwertern verteidigen die Leute von Sóller ihre Stadt gegen türkische Angreifer. Die Dorfschönheiten mit von der Feuersbrunst verrußten Gesichtern lächeln ihren Helden zu. Jedes Jahr am zweiten Mai-Montag spielen die Einwohner von Sóller und Port de Sóller die glückliche Abwehr der Piraten im Jahr 1561 nach.

Links und links unten:
Die ganze Nacht lang sind die Feiernden in mittelalterlichen Trachten im Hafen von Port de Sóller zugange, und irgendwann ereilt die Mannen des Piraten Euldj Ali Ochiali ihr Schicksal: Die siegreichen Mallorquiner knüpfen die Unterlegenen am nächsten Baum auf. Auch am Strand liegen im Laufe des Festes jede Menge „Leichen" in türkischer Tracht herum.

79

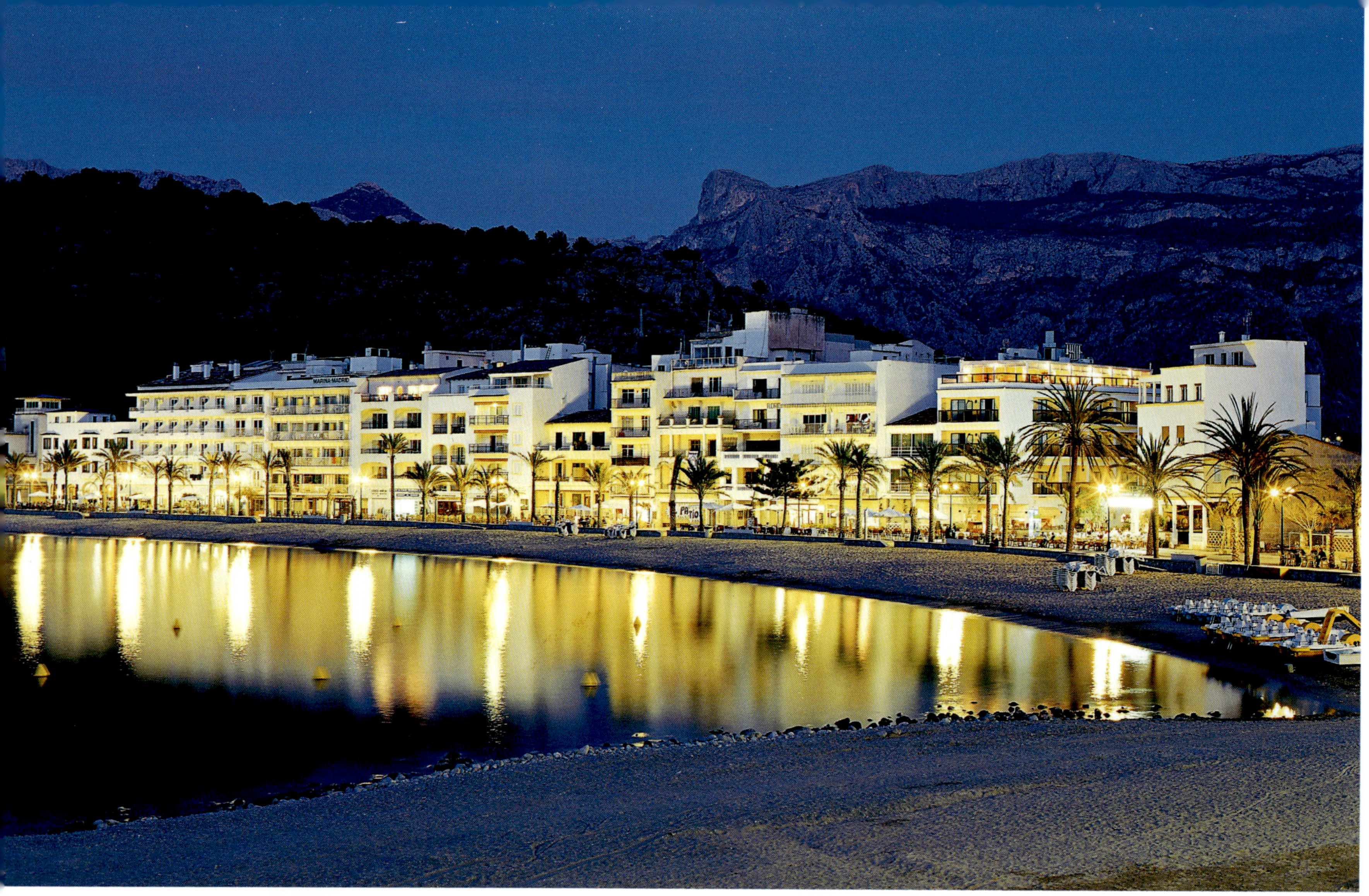

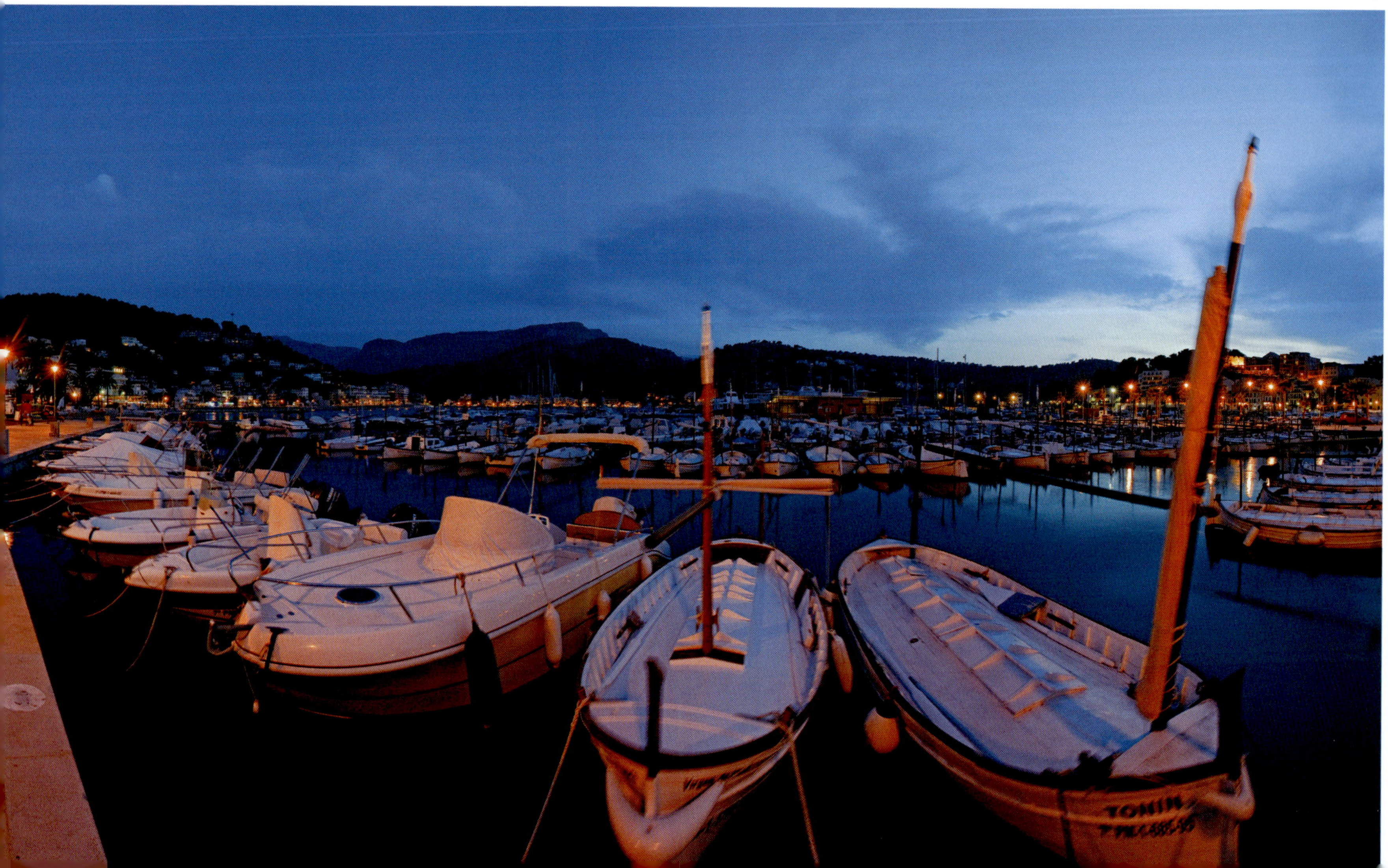

Linke Seite:
Die Hafensiedlung Port de Sóller schmiegt sich in ihre fast kreisrunde und sehr geschützte Bucht. Im Fischerhafen (links unten) kann man noch die Fischer beim Flicken ihrer Netze beobachten, aber auch viele Segelyachten legen hier an. Seit der Verkehrsberuhigung sitzt man besonders nett in den Cafés und Restaurants an der Promenade.

Oben:
Blick über die Bucht von Port de Sóller: Ihr Hinterland lädt zu vielfältigen Rad- und Wandertouren ein. Beliebt ist der dreiviertelstündige Spaziergang zum Leuchtturm am Cap Gros.

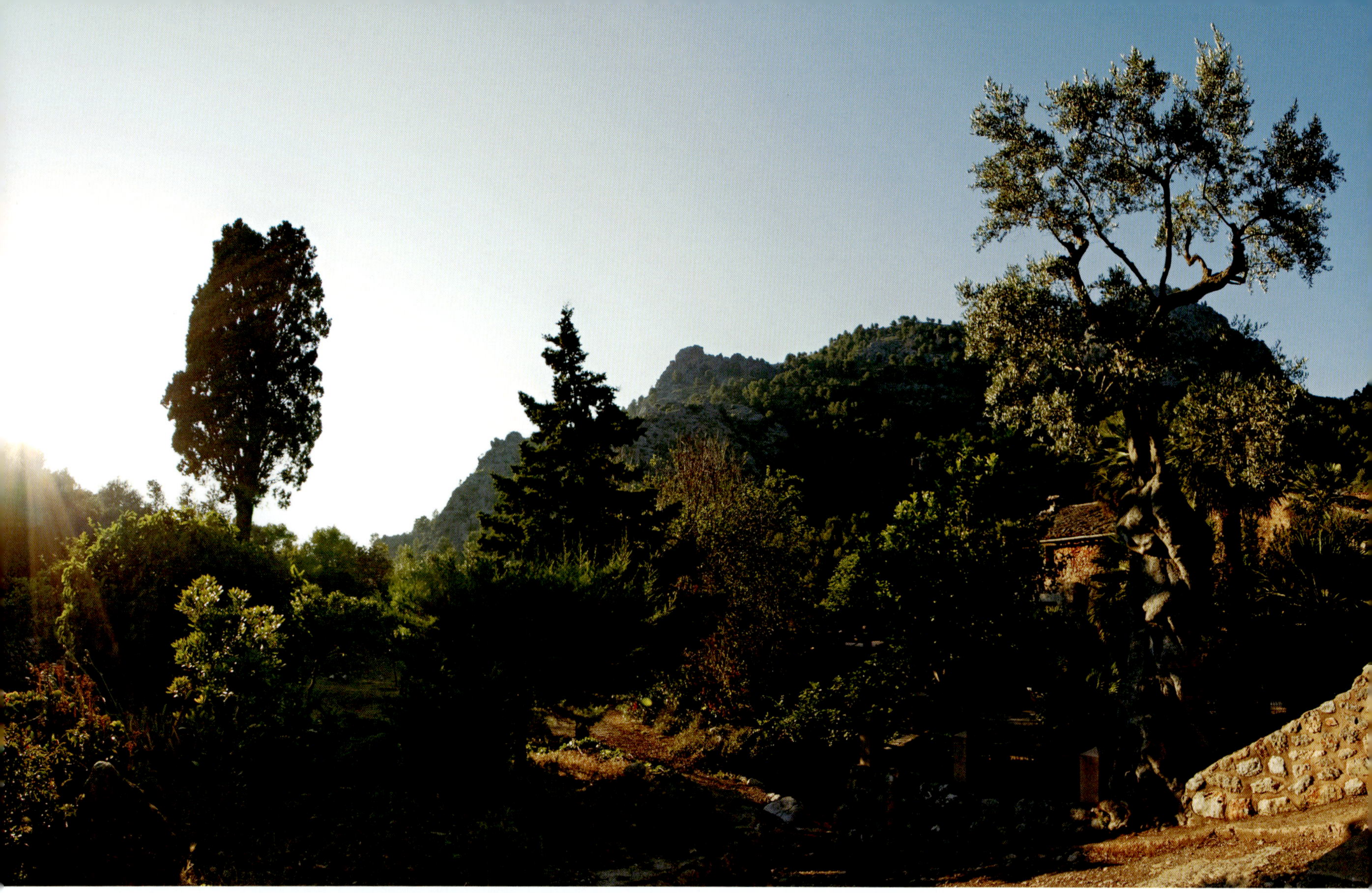

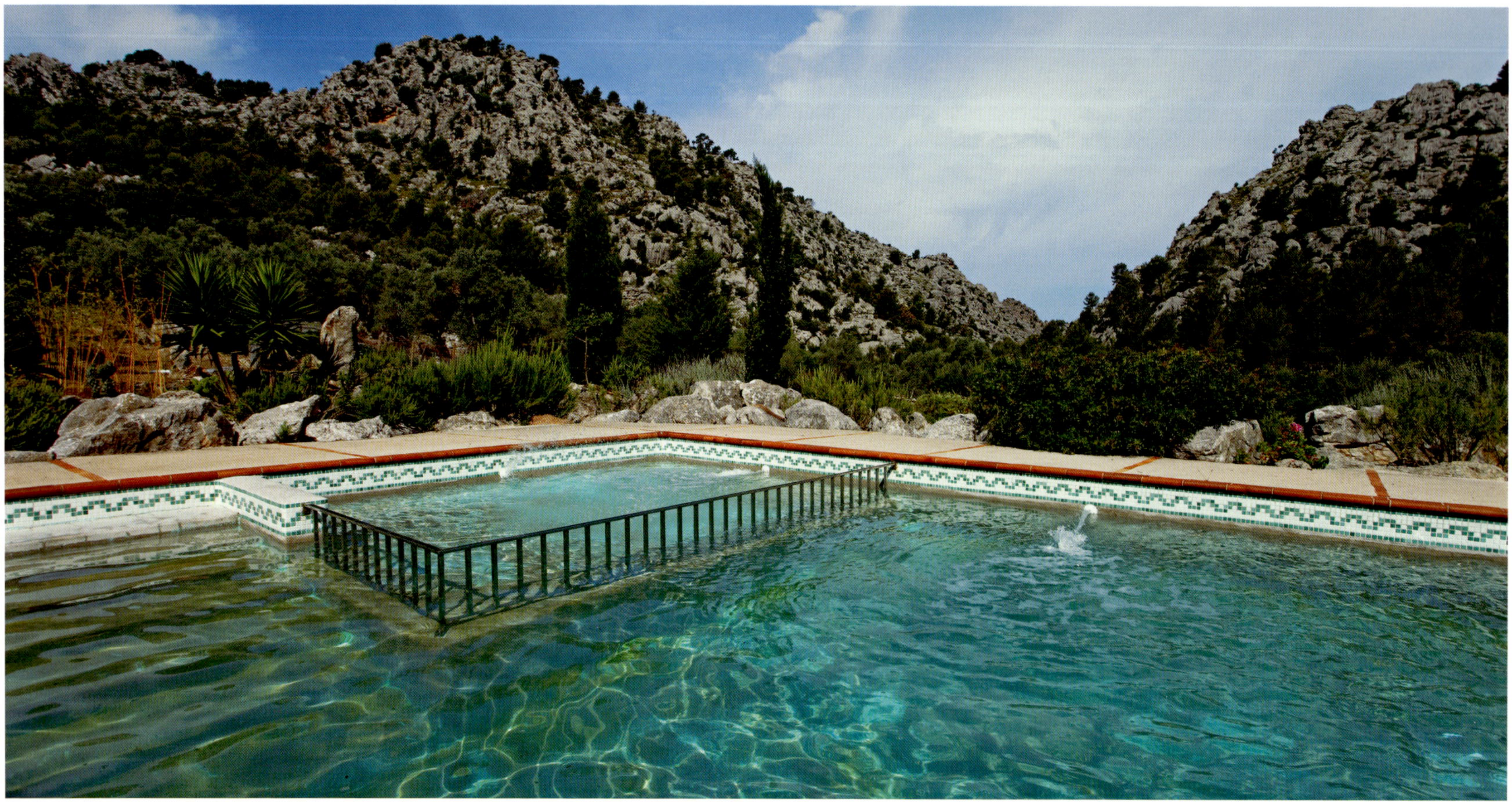

Ländliches Mallorca mit Charme und Stil: Das Finca-Hotel Balitx d'Avall im Herzen der Tramuntana ist liebevoll restauriert – sogar im alten Wachtturm können Gäste wohnen. Trotz der abgeschiedenen Lage am Wanderweg zwischen dem Mirador de Ses Barques und der Cala Tuent sind Annehmlichkeiten wie der schöne Pool selbstverständlich. Vielen liegt aber noch mehr an der herrlichen Ruhe und dem Ambiente in uralten Mauern…

Naturschauspiel Mandelblüte: Die schneeweiße Pracht überzieht Ende Januar/Anfang Februar die unterschiedlichsten Landschaften der Insel, zum Beispiel vor der Kulisse des Tafelbergs Soucadena in der Serra de Tramuntana. Der gähnende Esel und die weidenden Schafe haben freilich keinen Blick für diese Vorboten des Frühlings.

Seite 86/87: Trotz seiner abgeschiedenen Lage, rund zehn Kilometer von Bunyola entfernt, lockt das Dörfchen Orient mit seinen hübschen Natursteinhäusern, den guten Wandermöglichkeiten und einer Handvoll Restaurants viele Ausflügler an.

85

Links:

*Schatten spendende
Laubengänge, blühende
Sträucher und exotische
Gewächse machen die
Jardins d'Alfàbia zu einer
Oase der Ruhe an der
Hauptstraße von Palma
nach Sóller. Einst gehör-
ten sie zum Besitz eines
Mauren, der bei der christ-
lichen Rückeroberung
Mallorcas die Seiten
gewechselt hatte.*

Unten:

*Typischer Anblick im
Landesinneren: Niedrige
Steinmauern umgrenzen
die ausgedehnten Grund-
stücke und lassen schmale,
kaum befahrene Sträß-
chen frei – ein Paradies
vor allem für Radfahrer.*

Entdeckungen im Norden – Klöster, Kurven und das „Kuhmaul"

Attraktion im Nordwesten: Über zwölf Kilometer windet sich die kurvige Straße hinab zur Bucht Cala de Sa Calobra und führt beim „Krawattenknoten" Nus de Sa Corbata sogar in einer Kehre von 300 Grad unter sich selbst hindurch. Weil auch viele Reisebusse unterwegs sind, wird's manchmal eng.

Ein Blick auf die Karte zeigt, was den Fahrer auf der Strecke zur Bucht Cala de Sa Calobra erwartet: Noch engere Kurven würden kaum Platz finden auf dem Papier. Hier kann man sich wirklich schwindelig fahren – vor allem zwischen Kilometer drei und vier der insgesamt zwölf Kilometer langen Strecke, wo der „Krawattenknoten" Nus de Sa Corbata in einer Kehre von 300 Grad unter sich selbst hindurchführt. Am Ende wartet eine schöne kleine Badebucht, die man zu Fuß durch einen Felstunnel erreicht. Sie ist der Meeres-Ausläufer der spektakulären Schlucht Torrent de Sa Pareis, die man von hier aus auch ein paar hundert Meter landeinwärts erkunden kann. Ihren Abschluss bildet eine „Kuhmaul" genannte Felsformation, die den kleinen Strand dramatisch einrahmt. Immer noch kurvig, aber nicht mehr ganz so abenteuerlich, geht es oben an der Ma-11 weiter zum Kloster Lluc, in dem sich Wanderer gern einquartieren: die einfachen, aber durchaus ausreichend ausgestatteten Zimmer werden gerne als Standquartier für Ausflüge in die Umgebung genutzt. Weitaus malerischer und weniger bekannt zeigt sich das Kloster Ermita de Nostra Senyora del Puig, zu dem man von Pollença aus in einer Dreiviertelstunde aufsteigen kann. Auf 330 Metern Höhe genießt man hier einen herrlichen Blick auf Pollença und die Schneise, die die Stufen zum dortigen Kalvarienberg bilden. Weiter im Osten lockt das viel besuchte Cap de Formentor mit schöner Aussicht – und die Halbinsel Victoria garantiert einen abwechslungsreichen Wandertag.

Unberührte Natur: Am Cap de Formentor stürzt der Fels steil ins Meer hinab (linke Seite). Spektakulär ist auch die Aussicht vom Penya Rotja in der Bucht von Pollença (links und unten).

Seite 92/93:
Majestätisches Panorama der Felsküste: Am Mirador de Mal Pas an der Halbinsel Formentor kann man von mehreren Plattformen weit übers Meer hinausblicken. Auch „Mirador d'es Colomer" genannt, ist er einer der grandiosesten Aussichtspunkte der Insel.

Mallorca ist auch ein Paradies für Segler. In einer Woche kann man die Insel bequem umrunden und findet immer wieder abgelegene Buchten, in denen man den Anker werfen kann (oben links und rechts).

Oben:
In der weiten, flachen
Bucht von Pollença
tummeln sich die Surfer
und Kiter. Anfänger finden
viele Anbieter, bei denen
sie die trendigen Wasser-
sportarten lernen können.

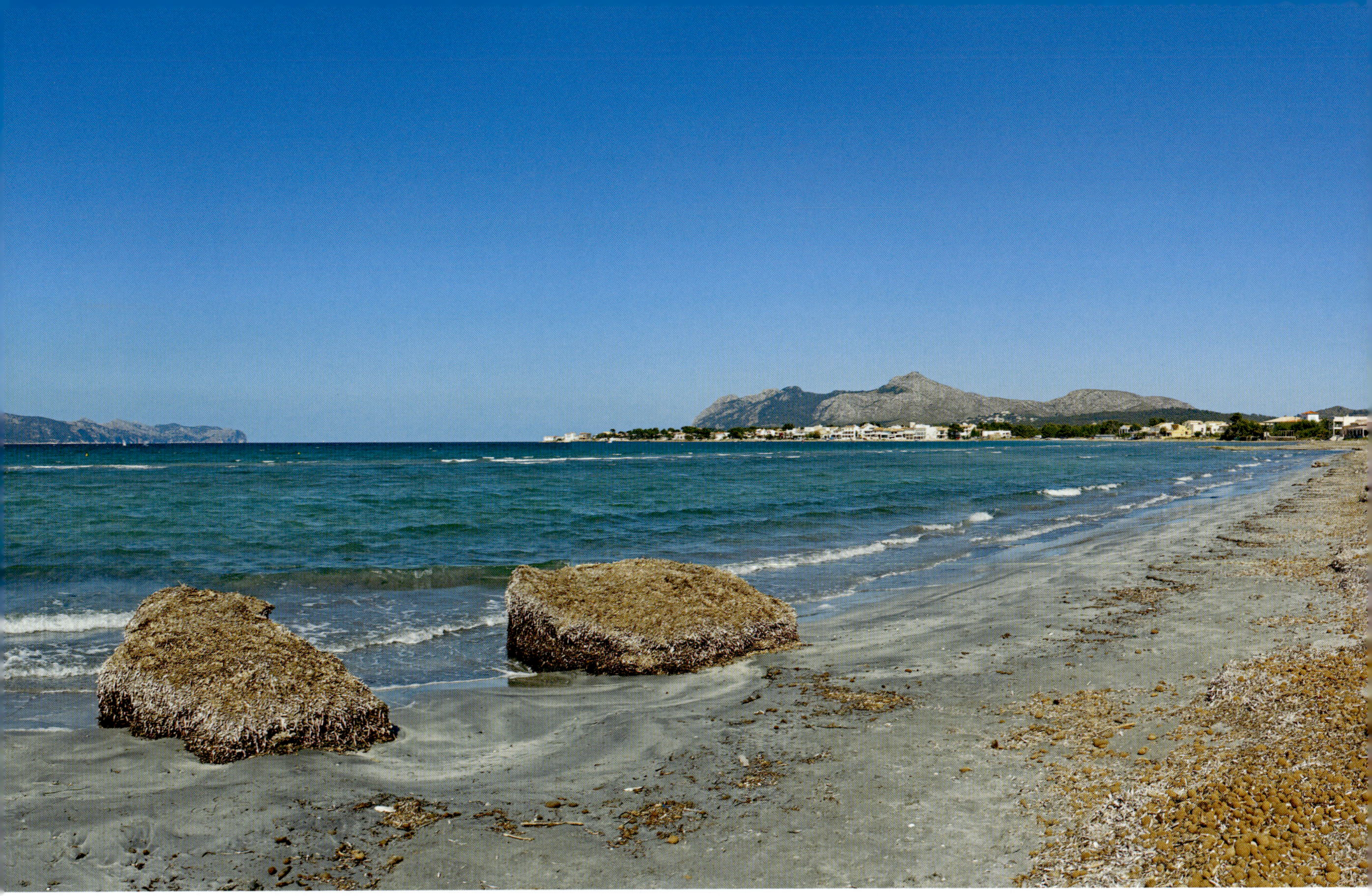

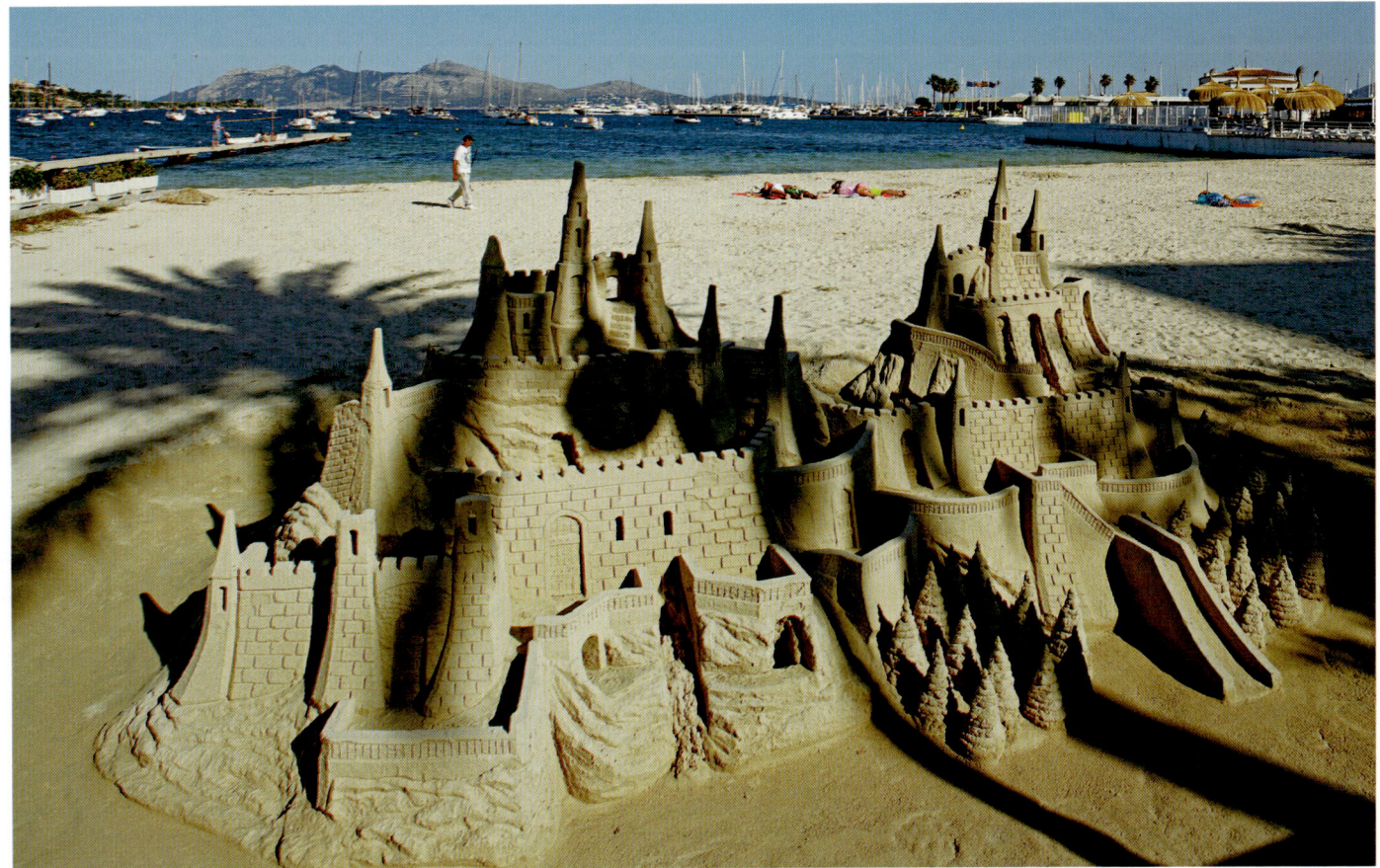

Linke Seite unten und links:
Wer gerne Segelboote ansieht, findet in Port de Pollença reichlich Betätigung – vom Hafen führt ein schöner Spaziergang entlang der Strandpromenade. Zur Saison trifft man dort manchmal sogar auf ein Kunstwerk aus Sand, die meiste Zeit bleibt der Blick über die Bucht von Pollença und auf knorrige Kiefern aber konkurrenzlos.

Links:
Am Karfreitag ist die Via Crucis Schauplatz einer großen Schweigeprozession, bei der das Kruzifix vom Kalvarienberg ins Tal getragen wird. Mallorcas wichtigster Wallfahrtsort und Zentrum der Marienverehrung ist das Kloster Lluc mit seiner Kirche im Innenhof, zu dem sich am ersten Sonntag im August Zehntausende von Pilgern von Palma aus zu Fuß auf den Weg machen.

Unten:
Bedeutende Wallfahrtsziele: Die 365 Stufen hinauf zum 113 Meter hohen Kalvarienberg Es Calvari sollte jeder Pollença-Besucher einmal gegangen sein.

Ganz unten:
Die dunkle Madonna „La Moreneta", die angeblich schon kurz nach der christlichen Rückeroberung Mallorcas im 13. Jahrhundert hier auftauchte, steht dabei im Mittelpunkt.

Selbst in der lebendigen Urlaubshochburg Port d'Alcúdia finden sich ruhige Ecken. Einige Kanäle künden von der Nähe zum Feuchtgebiet Parc Natural S'Albufera.

Stimmiges Ensemble im Städtchen Alcúdia: Das Stadttor Porta de Sant Sebastià und die trutzigen Befestigungsmauern wurden Ende des 13. Jahrhunderts errichtet.

Golfen mit Meerblick: Der Club de Golf Alcanada ist im Süden der Halbinsel Victòria nahe Alcùdia in sanfte Hügel gebettet.

Beliebter Ausflug ab Port de Sóller: Per Schiff geht es in die hübsche Bucht Cala de Sa Calobra am Ende der Schlucht Torrent de Pareis.

Rund um das recht ver-
baute Ferienzentrum Ca'n
Picafort an der Nordküste
gibt es durchaus einige
Schätze zu entdecken, vom
hübschen alten Brunnen
(ganz oben rechts) bis zum
malerischen Weiler Son
Serra (oben rechts). Der

Naturpark S'Albufera hier
bildet sogar das größte
Feuchtgebiet der Balearen
und ist entlang seiner
Kanäle, Tümpel und Schilf-
bestände durch ein Netz
von Wegen erschlossen –
schon die Römer nutzten
die Sumpflandschaft als

Jagdgebiet (ganz oben
links). Immer an der Küste
entlang kann man zur
Necròpolis Son Real laufen,
einem uralten Gräberfeld
aus dem 7. bis 1. Jahrhundert vor Christus, das
direkt über dem Meer liegt
(oben links).

Rechte Seite oben:
Die alte Finca Son Real
soll eines Tages mehrere
Museen beherbergen, ein
Interpretationszentrum
über die Geschichte des

Anwesens und die Necrò-
polis hat bereits eröffnet.
Auch hier warten in der
Umgebung schöne Wander-
wege und Fahrradstrecken.

Rechts:
Das Massiv von Artà im
Nordosten der Insel ist
wohl Mallorcas unberühr-
teste Region. Ein sehr
schmales, kurviges Sträß-
chen führt zur kleinen Einsiedelei Ermita de Betlém,
die auf einem Hügel thront.

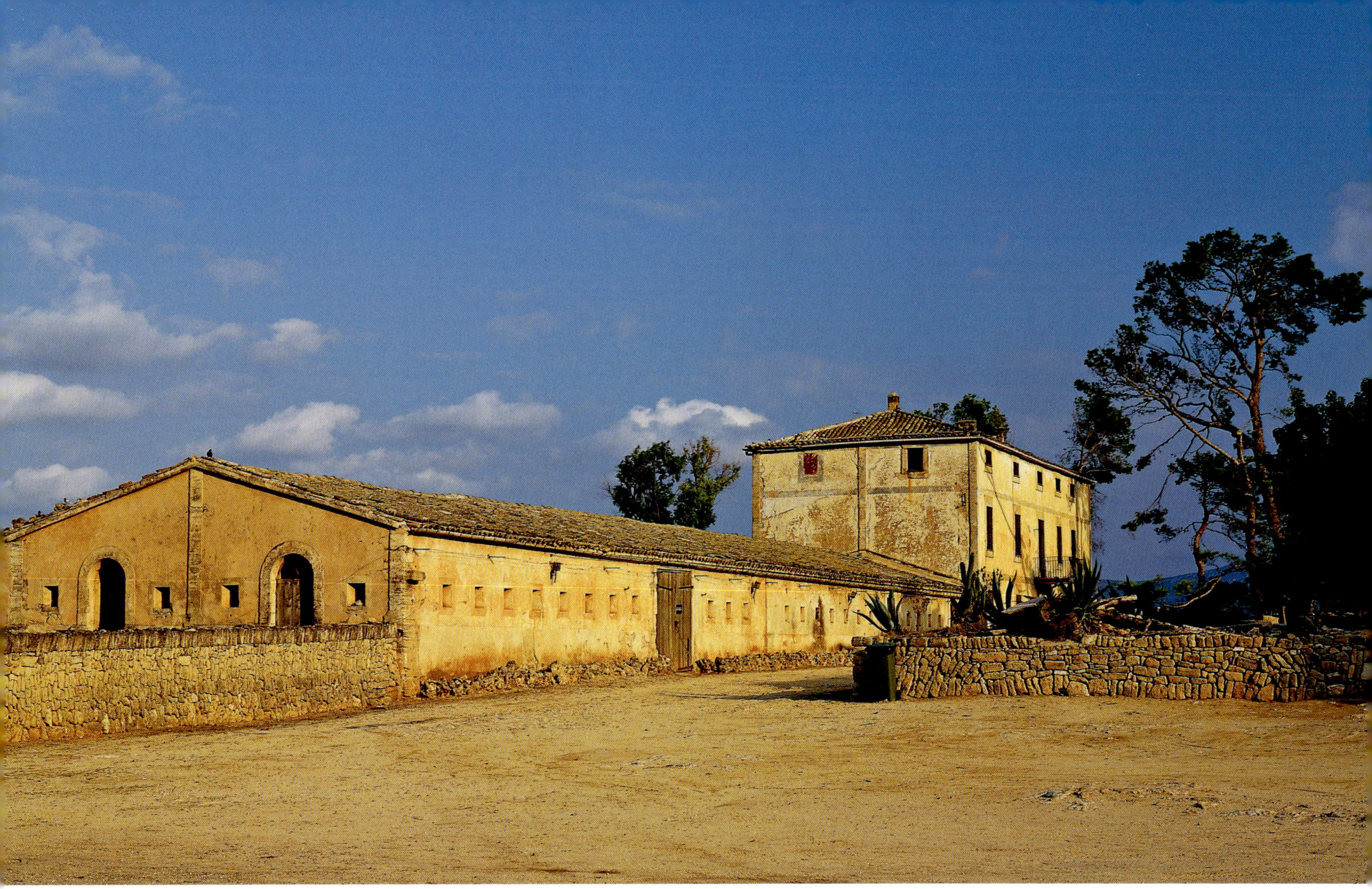

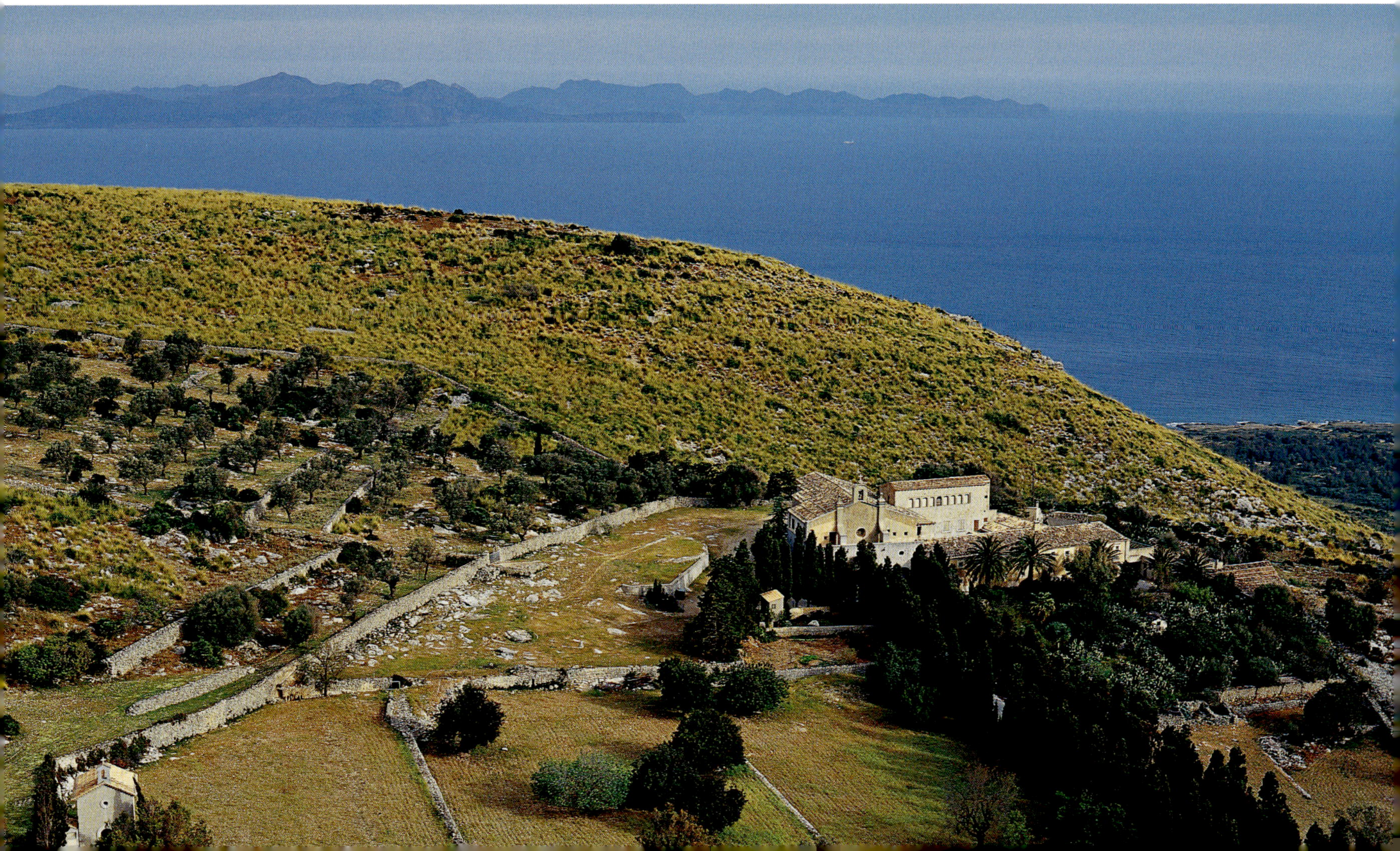

Links:
An der gut 500 Meter langen Cala Mesquida findet sich immer ein Plätzchen. Im Hinterland erstreckt sich ein geschütztes Dünengebiet, das für Spaziergänger über eine Holzbrücke zugänglich ist.

Unten:
Wer die umfassende Aussicht vom Kalvarienberg genießen möchte, muss die 180 Stufen zur Wallfahrtskirche Sant Salvador hochsteigen.

Ganz unten:
In dem reizvollen Städtchen Artà lohnt sich nicht nur zum Markt am Dienstag ein Besuch. Rund um den alten Kern mit Fußgängerzone haben einige gute Restaurants und Straßencafés eröffnet.

Der Osten – Fischer, Fjorde, Ferienorte

Perle an der Ostküste: Recht versteckt liegt die kleine Bucht Caló des Mòro mit ihrem 40 Meter langen Sandstrand in der Nähe des Inlandsstädtchens Santanyí.

Im Norden, Westen und in der Bucht von Palma hat der Tourismus längere Tradition als im abgelegenen Osten. Zwar locken Sehenswürdigkeiten wie die Höhlen Coves d'Artà, Coves dels Hams und Coves del Drac jede Menge Tagesausflügler an, haben sich mit Cala Ratjada, Cala Millor, Cales de Mallorca und Cala d'Or durchaus Urlaubszentren etabliert – mit alten Städtchen wie Artà und lauschigen Fischerdörfern wie Cala Figuera findet sich hier aber noch viel ursprüngliches Mallorca. Eine Besonderheit sind die schmalen, aber fjordähnlich tief ins Land reichenden Buchten, die oft aus ertrunkenen Flusstälern entstanden sind. Wenn sie dann wie die Platja S'Amarador oder die Caló des Mòro nur zu Fuß zu erreichen sind, entdeckt so mancher auf der beliebtesten Ferieninsel des Mittelmeers sein ganz persönliches Paradies. Auch im Norden der Küstenlinie sind mit den Calas Mitjana, Torta und Mesquida attraktive Alternativen zu den großen Stränden zu finden. Hier ist das Meer womöglich noch eine Spur blauer als im Westen, dafür muss man Designerboutiquen und Kunstgalerien mit der Lupe suchen. Die Dörfer im Hinterland wirken nicht ganz so herausgeputzt, eher den Bedürfnissen der Einheimischen als denen der Touristen entsprechend, die flache bis hügelige Landschaft lädt zu gemütlichen Radtouren ein. Insgesamt wirkt der Osten noch recht bodenständig, haben Yachten die Fischerboote in den Häfen noch lange nicht verdrängt und ausländische Investoren die Preise nicht in Irrsinnshöhen getrieben. Doch wahrscheinlich ist das nur eine Frage der Zeit: Die Gegend um Santanyi heißt auch „Hamburger Hügel".

Linke Seite:
Die Cala Mondragó ist ebenso wie die benachbarte Cala S'Amarador nahezu unbebaut. Ein Uferweg verbindet die beiden herrlichen Buchten des 1992 ausgewiesenen Naturparks.

Nur wenige machen sich auf den Weg in die stille Cala Varques südlich von Porto Cristo, zudem gibt es oben an der Straße kaum Parkmöglichkeiten.

Winzig sind sie, nicht ganz leicht zu finden, und trotzdem immer gut besucht: Ebenso wie die benachbarte Cala S'Amonia hat die Caló des Mòro südwestlich von Cala Figuera ihre treuen Fans.

Links:

Ein Bild von einem Strand: Die breiten, kilometer-langen Sandstreifen an der Platja de Palma können im Sommer die Besuchermassen kaum fassen, wie hier bei S'Arenal. Im Hinterland locken alle erdenklichen Vergnügungsangebote. Exzesse wie das Sangria-trinken aus Eimern sind am Strand mittlerweile untersagt.

Unten:

Promoter in pseudo-bayerischen Fantasie-kostümen laufen tagsüber Reklame für die legendäre Disco „Oberbayern" (unten). Hier geht's jede Nacht rund (unten Mitte), ebenso in den anderen Amüsierschuppen in der „Bier"- und „Schinken-straße". Die Vorliebe für alpenländische Dekoration wie im „Almrausch" (ganz unten) soll wohl ans Münchner Oktoberfest erinnern.

Unten:
Direkt neben dem
ausgedehnten Ferienort
Cala d'Or herrscht in
Porto Petro beschauliche
Ruhe. Einige lauschige
Restaurants liegen direkt
am Wasser, zum Teil
beschattet von Pinien.

Rechts:
Der schönste Fischerort
der Ostküste: Cala Figuera
schmiegt sich in eine tief
eingeschnittene, fjord-
ähnliche Bucht, in der die
Boote schaukeln.

Oben:
Die Buchten im Naturpark
Mondragó gehören zu
den reizvollsten der Insel.
Die kleine Caló des Burgit
ist nur über Fußpfade zu
erreichen und daher selten
überfüllt.

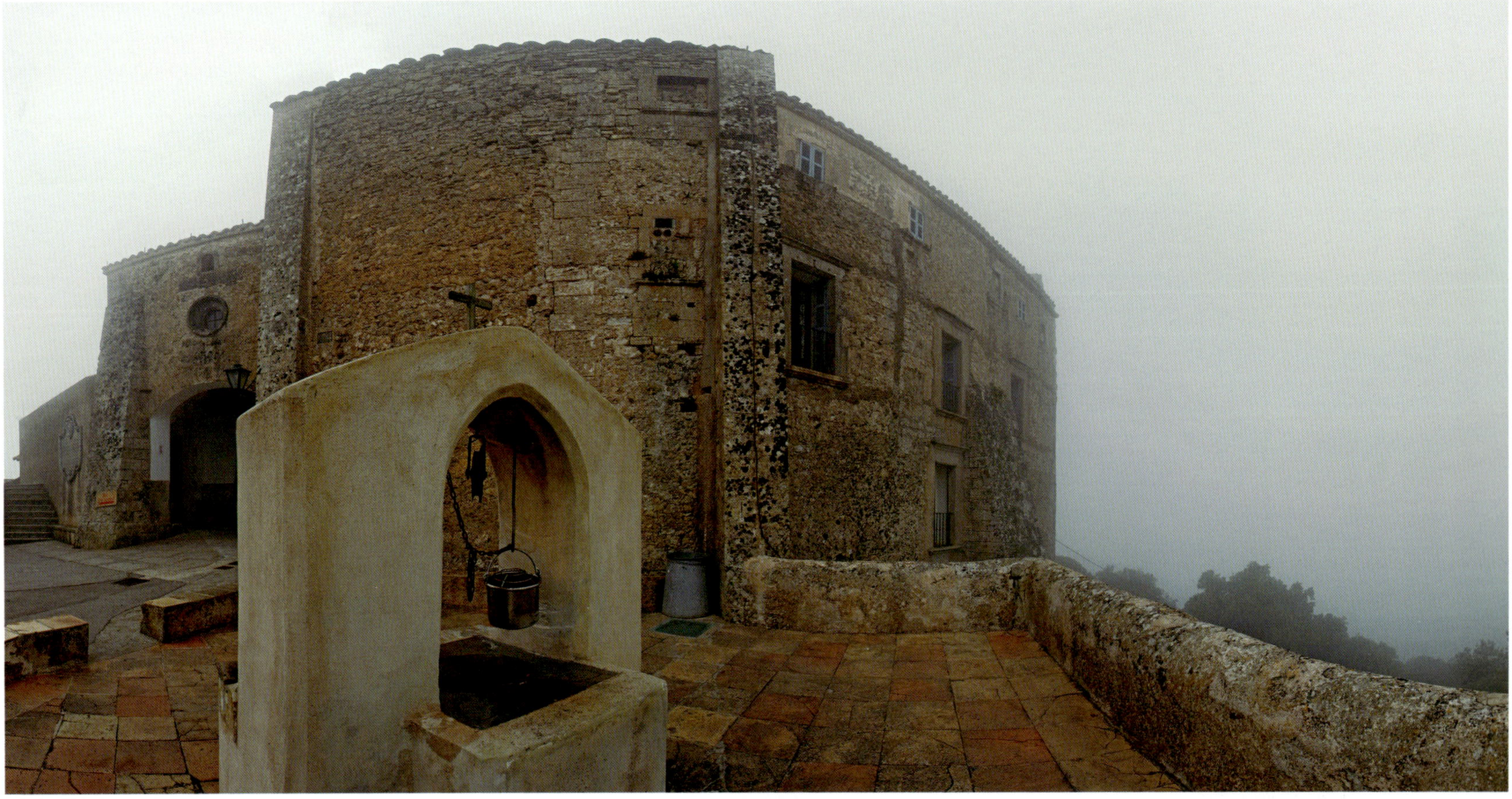

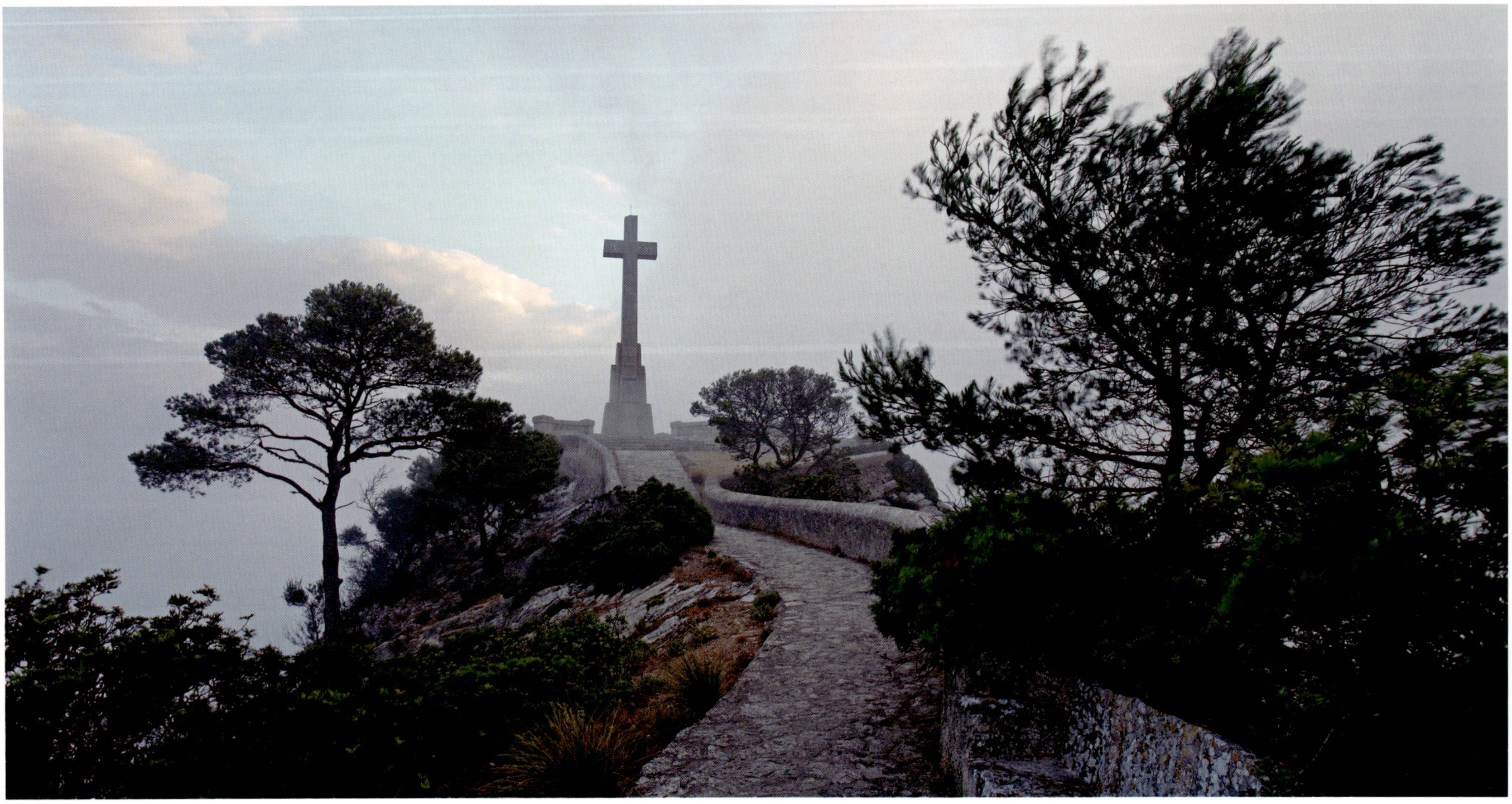

Links:

Das wehrhaft wirkende Kloster Sant Salvator besetzt einen 509 Meter hohen Berg nahe Felanitx und zählt zu den bedeutendsten Wallfahrtsstätten Mallorcas. Ein Restaurant und eine Cafeteria sorgen für das leibliche Wohl.

Unten:

Gut beschützt: Das Kastell von Capdepera beherrscht das Ortsbild. Sein Burghügel war bereits in vorgeschichtlicher Zeit besiedelt, um 1300 wurde das uralte Kastell von König Jaume II. weiter ausgebaut und verstärkt.

Links:

Die höchste Erhebung in der Ebene von Felanitx: Das Kreuz des Klosterbergs Sant Salvator ist weithin sichtbar, vom Kloster selbst bietet sich bei gutem Wetter ein Panoramablick über die ganze Insel.

Unten:
Porto Colom ist eine
sympathische Mischung
aus Fischer- und Ferienort
und besitzt einige aus-
gezeichnete Restaurants,
nur an schönen Stränden
mangelt es.

Rechts:
Mallorcas östlichster
Punkt: Vom Leuchtturm am
Cap de Capdepera bei Cala
Ratjada reicht der Blick

weit übers Meer. Vom nur
zwei Kilometer entfernten
Ortszentrum führen
Fußwege durch schattige
Waldstücke hier hinauf.

Bilder oben:
Die 30 000-Einwohner-
Stadt Manacor im Insel-
inneren sieht nicht viele
Besucher, dabei ist ihr

Zentrum um die
neogotische Pfarrkirche
Dolors de Nostra Senyora
nicht unattraktiv. Beim
Frühlingsfest sind auch die

traditionell gekleideten
„Gegants" zu sehen,
in denen Stelzenläufer
stecken.

Markttag in Sineu: Jeden Mittwochvormittag füllt sich das ländliche Städtchen mit Einheimischen und Touristen, die aus allen Teilen der Insel zum traditionsreichen Markt anreisen. Als einziger Viehmarkt der Insel ist er Pflichttermin für Mallorcas Bauern – Urlaubern mag der Anblick der eingepferchten Schweine, Schafe und Hühner weniger gefallen. Die prall gefüllten Stände mit frischen Produkten und die große Auswahl an Kunsthandwerk lohnen den Weg aber auf jeden Fall.

Mallorca für Geniesser – Luxus und Leckerbissen auf dem Land

Wer träumt nicht davon: Beim Aufwachen höchstens das Blöken der Schafe zu hören, beim Frühstück auf der Terrasse den Duft blühender Kräuter zu riechen, den Tag gemächlich am Pool oder am Strand zu verbringen und am Abend ein feines Essen zu genießen ... Fernab vom Urlaubstrubel suchen immer mehr Mallorca-Besucher die ländliche Ruhe auf restaurierten alten Fincas, eben jenen Landgütern, die ihren Besitzern schon in früheren Zeiten Luxus in herrlicher Landschaft boten. Oder zumindest die Geborgenheit alter Mauern, in die sie nach einem Arbeitstag auf dem Feld zurückkehrten... Wer sich in so einer Finca für ein paar Urlaubstage einmietet, kann sich kaum vorstellen, dass ein paar Kilometer weiter das Nachtleben tobt, dass an der Küste Schnitzel und Sangria oft die kulinarischen Highlights bilden. Stattdessen: Blumengeschmückte Terrassen, schattige Plätzchen, alte Treppen und Steinbögen, antikes, sacht modernisiertes Mobiliar. Häufig wird nur Frühstück angeboten und vielleicht einmal die Woche ein Abendessen für Gäste und Vermieter organisiert, manchmal gibt es Grillplätze im Garten oder die Erlaubnis, sich alles zu pflücken, was Bäume und Beete hergeben. Charmante kleine Gasthöfe fürs Abendessen sind meist nicht weit, und ein Ausflug dorthin regt den Appetit so richtig an. Edelfincas und natürlich die feinen Landhotels verfügen hingegen meist selbst über eine ganz ausgezeichnete Küche – nicht selten, dass hier ein Meister am Herd steht, dessen Name früher ein deutsches Nobelrestaurant zierte.

Vor allem diese kulinarischen Highlights sind es, die Urlauber und Residenten aus den Küstengebieten ins Hinterland locken. Denn da wird herrlich aufgetischt: Würziges von Lamm und Zicklein in Kräutersauce, edle Fischvariationen und verfeinerte spanische Klassiker wie gefüllte Calamares oder Bacalao. Aber auch die Gemüseküche, auf dem spanischen Festland meist arg vernachlässigt, wird auf Mallorca durchaus gepflegt. Bekanntestes Gericht ist der Gemüseeintopf Tumbet, für den Zucchini, Paprika, Auberginen, Tomaten und Kartoffeln in Scheiben geschnitten, angebraten und schließlich in der Auflaufform übereinander geschichtet geschmort werden. Typisch ebenfalls das Frito Mallorquín, fein geschnittenes und deftig gewürztes Gemüse, das in einfacheren Lokalitäten meist mit Innereien gemischt wird, manchmal aber auch mit Tintenfisch oder rein vegetarisch zu haben ist. Ganz einfach, köstlich und auf Mallorca fast ein „Nationalgericht" ist Pa

amb oli, geröstetes Weißbrot, das mit frischem Tomatenfleisch und Knoblauch bestrichen wird. Vor allem die alten „Celler", die rustikalen Kellerlokale in Sineu, Petra oder Inca, servieren diese mallorquinische Hausmannskost an großen Holztischen. Fisch hingegen ist das Stichwort an den Küsten – ob einfach, aber schmackhaft gegrillt, gefüllt, geschmort oder zu edlen Terrinen verarbeitet. Mallorquinische Klassiker sind Peix a Sal, Fisch in einer Salzkruste gegart, oder Peix a la mallorquina auf einem Bett aus Gemüse.

Mallorcas Gastronomie ist immer wieder für Überraschungen gut: Leckerer, aber günstiger Mittagstisch im kleinen Keller mitten in Palmas Altstadt, italienische Spezialitäten hinter dem Marktplatz von Pollença, uriges Ambiente im beliebten Ausflugslokal auf dem Weg von Palma nach Puigpunyent, zartes Spanferkel am Fuß des Berges Randa oder tafeln im Kloster Lluc – für jede Stimmung, jede Laune, aber auch für jeden Geldbeutel findet sich das passende Ambiente. Und da war noch nicht mal die Rede von den zahllosen Cafés und Tapa-Bars in Palma, den oft sehr schön gelegenen Fischlokalen in vielen Küstenorten und den einfachen, urigen Bars, in denen die Mallorquiner gerne ihren Kaffee oder eine Cerveza zwischendurch nehmen. Ein bisschen Flexibilität müssen Besucher allerdings mitbringen, um kulinarisch auf ihre Kosten zu kommen, denn die Mahlzeiten verteilen sich auf Mallorca – ebenso wie im übrigen Spanien – etwas anders als in Mitteleuropa über den Tag. Zum Mittagessen, das auch in den einfacheren Lokalen sehr reichhaltig angeboten wird, setzt man sich erst gegen 14 Uhr und speist dann schon mal so lange, bis es wirklich höchste Zeit für die Siesta wird. Beim Abendessen gegen 21 Uhr sind die Urlauber noch unter sich, Einheimische kommen selten vor 22 Uhr – dafür bleibt meist so lange geöffnet, bis der letzte Gast satt und zufrieden ist.

Kleines mallorquinisches Küchen-ABC

Amanida – Salat
Arròs a banda – Reisgericht mit Meeresfrüchten
Bon Profit – Guten Appetit!
Carn – Fleisch
Del temps – nach Saison
Ensaiimada – Süßes Schmalzgebäck
Frit mallorqui – Innereien-Eintopf mit Gemüse
Gato de almendra – Mandelkuchen
Hierbas – Mallorquinische Kräuterliköre
Llenguado – Seezunge
Marisc – Meeresfrüchte
Olives – Oliven
Pa amb oli – Brot mit Tomaten und Knoblauch
(sprich: Pamboli)
Patatas – Kartoffeln
Pernil – Schinken
Ració – Portion
Sopa mallorquina – Brot, Fleisch, Gemüse, Kohl über-
einander geschichtet und gegart
Sobrassada – würzige Wurst
Truita – Tortilla/Forelle
Verdura – Gemüse
Vi blanc/negre – Wein weiß/rot
Xai – Lamm

Oben:
Berühmte Adresse:
Der kleine Lebensmittel-
laden Colmado de Santo
Domingo in Palma mit
seinem „Himmel" voller
Schinken und Würste.

Rechts oben:
Runde Sache: Auf den
Wochenmärkten findet
sich fast immer ein
Stand mit würzigem
mallorquinischem Käse,
in kleinen Mengen von
Hand produziert.

Rechts:
Mediterrane Spezialität:
Geräucherte Sardinen
am Markt von Sineu. Am
besten schmecken sie
direkt aus der Hand, mit
einem frischen Weißbrot
als Unterlage.

Fernab der Strände bietet Mallorca ländliche Idylle pur. Vor allem im Hinterland der Ostküste überziehen im Frühsommer Mohnblumen die Landschaft mit einem leuchtend roten Teppich. Statt nach Sonnenöl und Sangria riecht es hier nach wilden Kräutern und Blumen.

Links:
Mekka für Feinschmecker: Die restaurierte Windmühle gab dem Restaurant Molí des Torrent bei Santa María del Camí seinen Namen.

Unten:
An der alten Landstraße von Palma nach Inca gelegen, war Santa María del Camí eine wichtige Durchgangsstation. Sonntags findet ein sehr lebendiger Markt statt.

Traditionelle Handwerkskunst: Die Glasbläserei Gordiola bei Algaida ist die älteste der Insel und in ihrem burgähnlichen Gebäude nicht zu übersehen. In der dämmerigen Halle kann man die filigrane Arbeit beobachten, ein Museum und ein Verkaufsraum sind angeschlossen.

Tongefäße werden seit jeher in Portól hergestellt, das zur Gemeinde Marratxí nahe Palma gehört. Die kleinen Schälchen sind ein nettes Mitbringsel und eignen sich vor allem für Oliven, Käsestückchen oder andere Tapas.

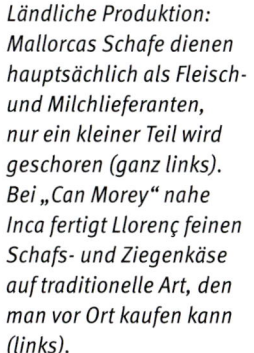

Ländliche Produktion: Mallorcas Schafe dienen hauptsächlich als Fleisch- und Milchlieferanten, nur ein kleiner Teil wird geschoren (ganz links). Bei „Can Morey" nahe Inca fertigt Llorenç feinen Schafs- und Ziegenkäse auf traditionelle Art, den man vor Ort kaufen kann (links).

In den alten Weinkellern, hier die Bodega Biniagual, reifen köstliche Tropfen.

127

Spektakulärer „Menschen-turm": Solche „Castellers" genannten akrobatischen Darbietungen sieht man auf dem Festland häufig in der Provinz Tarragona, auf Mallorca zum Beispiel beim Weinfest in Binissalem.

Fröhliche Feier unter freiem Himmel: In den Dörfern des Inselinneren ist schon mal der Teufel los (unten links), häufiger sieht man aber die traditionellen Kopfbedeckungen aus weißer Spitze, die schon die Jüngsten stolz tragen (ganz unten links). In der Riesenpfanne köchelt die Festtags-Paella fürs ganze Dorf vor sich hin (ganz unten rechts). Die gibt es aber erst nach der Tiersegnung (unten rechts) und dem Gottesdienst, bei dem des eigentlichen Anlasses der Fiesta gedacht wird. Meist ist es der Jahrestag des Schutzpatrons des Dorfes oder ein besonderes Datum in der Geschichte, an dem sich Wunder ereigneten oder Gefahren abgewendet werden konnten.

Links:
Bei einer Fahrt mit dem Heißluftballon erschließt sich Mallorca aus ungewohnter Perspektive, hier das alte Städtchen Petra. Die Pfarrkirche Sant Pere steht markant am Rand des Ortes. Prominentester Täufling des Gotteshauses war Fra Junípero Serra, der als Franziskanermönch die Kolonien in Amerika bereiste und die Stadt San Francisco gründete.

Unten:
Zu Füßen der Ermita breitet sich die weite Ebene Es Plà aus. Die fast 600 Quadratkilometer große „Kornkammer Mallorcas" ist rein landwirtschaftlich strukturiert und nur sehr dünn besiedelt.

Ganz unten:
Nicht weit von Petra entfernt, thront die Ermita de Nostra Senyora de Bonany auf einem 300 Meter hohen Hügel und birgt ein hoch verehrtes Marienbild, das am Dienstag nach Ostern von Wallfahrern besucht wird.

Seite 132/133:
Hübscher Anblick im Abendlicht: Restaurierte Windräder in der Ebene Es Plà.

REGISTER

Cap Formentor
Isla Colomer
Cala Sant Vicenç
Formentor
Punta Beca
Port de Pollença
Badía de Pollença
Cap del Pinar
Ermita de la Victoria
Cap de Menorca
Pollença
Convento de Santo Domingo
Mal Pas
Mortitxet
Alcúdia
Sa Calobra
Hidroparc
Port d'Alcúdia
Cala Tuent
Cova de Sant Marti
Santuari de Lluc
Son Cladera
Badía de Alcúdia
Cap de Ferrutx
Puig de Macanella 1.348 m
Oratorio Sant Miquel
Coves de Campanet
Parc Natural de S'Albufera
Can Picafort
Colònia de Sant Pere
Betlem
Cala Mesquida
Cap des Freu
Puig Major 1.445 m
Campanet
Caimari
Moscari
Sa Pobla
Cala Rajada
Port de Sóller
Fornalutx
Punta de Capdepera
l'Horta
Biniaraix
Selva
Muro
Son Serra de Marina
Capdepera
Son Moll
Sóller
Necropolis de Son Réal
Son Morell
Artà
Puig dés Teix 1.062 m
Orient
Lloseta
Ermita Santa Magdalena
Museu de Mallorca
Ses Paisses
Marroig
Miramar
Deià
Castillo de Alaró
Inca
Santa Margalida
Cove de Artá
Trinitat d'Alfàbia
Jardines d'Alfàbia
Llubi
Costa de Canyamel
Valldemossa
Aqualandia
Alaró
María de la Salut
Son Figuera
Costa dels Pins
Cap des Pinar
Bunyola
Ariany
Port Nou
Port Verd
Consell
Binissalem
Costitx
Son Servera
Cala Bona
porles
Palmanyola
Talaiot de Son Fred
Sencelles
Santa María del Cami
Sineu
Petra
Cala Millor
S'Eglaieta
Bíniali
Santa Eugenia
Lloret de Vistalegre
Sant Llorenç des Cardassar
Punta de N'Amer
Establiments
Son Sardina
Marratxi
Pina
Santuari de Nostra Senyora de Bonany
Safari Zoo
Sa Coma
Son Berga
S'Indioteria
Poblat Talaiòtic Son Fornés
Sant Joan
Son Moreia
S'Illot
on Vida
Montuiri
Villafranca de Bonany
Manacor
Portocristo
PALMA de Mallorca
Son Ferriol
Casa Blanca
Hornos Gordiola
Coves dels Hams
Cove del Drac
de Bellver
El Molinar
Sant Jordi
Algaida
Ermita de Sant Miquel
Portocristo Novo
a Major
Coll d'en Rebassa
Can Pastilla
Randa
Porreres
Son Forteza Vey
Illetes
Santuari de Nostra Senyora de Cura
Santuari de Monti-sion
Exotic Parc
Cala Magraner
Portals Nous
Las Maravillas
San Francisco
Santuari de Nostra Senyora de Gràcia
Cales de Mallorca
Cala Antena
Cala Domingos
almanova
S'Arenal
Talaiot
Llucmajor
Felanitx
Castell de Santueri
Cala Murada
Magaluf
Badía de Palma
Cala Blava
Portocolom
Portocolom
Sa Punta
ls Vells
de Figuera
La Moreria
Campos
Cala Marçal
Calonge
Punta de ses Crestes
Badía Gran
S'Alqueria Blanca
Cala Ferrera
Cala d'Or
Capocorp
Capocorp Vell
Portopetro
Cala Pi
S'Estanyol de Migjorn
Sa Ràpita
Santanyí
Cala Mondragó
Vallgornera
Botanicactus
Cala Figuera
Cap Blanc
Ses Salines
Llombards
Cala Santanyí
Ensenada de Sa Ràpita
Cala Llombards
Colònia de Sant Jordi
Sa Vall
Cap de ses Salines

Tramuntana
Serra
Es Pla
Llevant
Serra de

135

Gut gelandet: Nach der Ballonfahrt hält Fotograf Jürgen Richter auch das Finale seiner luftigen Reise im Bild fest.

Impressum

Buchgestaltung
www.hoyerdesign.de

Karte
Fischer Kartografie, Aichach

Alle Rechte vorbehalten

Printed in Germany
Repro: Artilitho snc, Lavis-Trento, Italien
*   www.artilitho.com*
Druck und Verarbeitung: Offizin Andersen Nexö, Leipzig
© 2012 Verlagshaus Würzburg GmbH & Co. KG
© Fotos: Jürgen Richter
© Texte: Anja Keul

ISBN 978-3-8003-4140-5

Unser gesamtes Programm finden Sie unter:
www.verlagshaus.com

Danksagung
Der besondere Dank des Fotografen Jürgen Richter geht an Charlotte Miller von der Pressestelle der Organisation „Foment del Turisme de Mallorca". Ihre feinen Ideen, ihre Kontakte und ihr außergewöhnliches Organisationstalent haben dieses Buch und das vermittelte Bild von Mallorca in vieler Hinsicht bereichert.

An Ricardo Aracil von www.mallorcaballoons.com (Heißluftballonfahrten) und sein Team ein herzliches „Danke" für die Unterstützung in der Luft, an Tomás von www.marcabrera.com (Speedboot-Fahrten zur Insel Cabrera) für die Unterstützung zu Wasser. An Land geht besonderer Dank an Doña Isabel für den herzlichen Empfang auf Son Marroig und Miramar und an Herrn Quetglas für die Fotoaufnahmen in Celda 4 in Valldemossa. „Danke" auch an die Fundació Pilar i Joan Miró und Marie Nöelle Ginard vom Künstlerhaus Can Monroig in Inca.

Kulinarische Köstlichkeiten präsentierten Miquel im Forn de Sa Pelleteria in Palma (Ensaimada-Bäckerei), Llorenç von Can Morey bei Inca (Ziegenkäse), Maria und Tomeu von La Luna in Sóller (Sobrassada) und die Bodega Biniagual (Wein). Moltes gràcies.

Nathalia Seoane vom Hotel Tryp Bellver „Danke" für den Blick auf Palma, an Kristoff Both für den Blick über den Golfplatz Alcanada, an Elvira und Joana vom Landhotel Balitx d´Avall für ihre Gastfreundschaft an einem magischen Ort.